Peace of Mind
BIBLE
WORD SEARCH

WORDS OF JESUS

LINDA PETERS

Good Books®
New York, New York

Good Books books may be purchased in bulk at special discounts for sales promotion, corporate gifts, fund-raising, or educational purposes. Special editions can also be created to specifications. For details, contact the Special Sales Department, Good Books, 307 West 36th Street, 11th Floor, New York, NY 10018 or info@skyhorsepublishing.com.

Good Books is an imprint of Skyhorse Publishing, Inc.®, a Delaware corporation.

Visit our website at www.goodbooks.com.

10 9 8 7 6 5 4 3 2 1

Library of Congress Cataloging-in-Publication Data is available on file.

Cover design by Joanna Williams
Cover image used under license from Shutterstock.com

Print ISBN: 978-1-68099-571-8

Printed in China

Matthew 4:1-4

```
D A E R B W J Z M W D P
P X K W N R W E I L F Y
T E M P T E D L S O Y B
W M T B K Q D F R U L Q
O H W I J E A T N E S B
R N U L R S Y J D Z N Y
D O L N T I S T O N E S
N S E I G L P M J J M X
N S N N V R I S R B M W
S G M W G E Y V R X Y N
L N Q D N Q D M E N D N
```

Then Jesus was led by the Spirit into the wilderness to be tempted by the devil. After fasting forty days and forty nights, he was hungry. The tempter came to him and said, "If you are the Son of God, tell these stones to become bread." Jesus answered, "It is written: 'Man shall not live on bread alone, but on every word that comes from the mouth of God.'"

JESUS	FORTY
LED	HUNGRY
SPIRIT	SON
WILDERNESS	STONES
TEMPTED	BREAD
DEVIL	LIVE
FASTING	WORD

Matthew 4:18-20

```
Y L E T A I D E M M I
S S W F O L L O W C B
W R E E Z P N D A J D
A E E G R E E S D S X
L H L H T D T T U D B
K S I S T I N S E S B
I I L T N O E A E R L
N F A G J J R A Y W B
G T G B K D Y B Q N N
```

Now as Jesus was walking by the Sea of Galilee, He saw two brothers, Simon who was called Peter, and Andrew his brother, casting a net into the sea; for they were fishermen. And He said to them, "Follow Me, and I will make you fishers of men." Immediately they left their nets and followed Him.

JESUS
WALKING
GALILEE
BROTHERS
PETER
ANDREW

CASTING
SEA
FOLLOW
FISHERS
IMMEDIATELY
NETS

Matthew 5:3-6

```
K B Y G P B R W C R T B
I V L Z D E R O N W V D
N I Z E G M M D J P B J
G J N N S F S P I R I T
D T U H O S H E A V E N
O H S R E D E L L I F Y
M P T R K R Y D T D R G
M E O E I Y I M O U R N
D L E O N H M T G Z Y J
J M Q D R G T V B D N Y
```

"*Blessed* are the *poor* in *spirit*: for theirs is the *kingdom* of *heaven*.
Blessed are they that *mourn*: for they shall be *comforted*.
Blessed are the *meek*: for they shall *inherit* the earth.
Blessed are they which do *hunger* and *thirst* after righteousness: for they shall be *filled*."

BLESSED	COMFORTED
POOR	MEEK
SPIRIT	INHERIT
KINGDOM	HUNGER
HEAVEN	THIRST
MOURN	FILLED

Matthew 5:7-10

```
S S E N S U O E T H G I R
B D R L N B N Q N K P P Q
L J E N M E Z E R E J T Q
E K K T V E R N A L R D T
S Y I A U D R C D A S E E
S G E N L C E C E O K L P
E H N I G M E H I Y G D B
D D H M A D D S E F B K N
R C D K X G O Y R G U V G
N N E W X V B M U E R L B
D R N L Q J Y R P G P X Q
S Q L J V K P N Q K V G M
```

"Blessed are the merciful: for they shall obtain mercy.
Blessed are the pure in heart: for they shall see God.
Blessed are the peacemakers: for they shall be called the children of God.
Blessed are they which are persecuted for righteousness' sake: for theirs is the kingdom of heaven."

BLESSED
MERCIFUL
PURE
HEART
SEE
GOD

PEACEMAKERS
CHILDREN
PERSECUTED
RIGHTEOUSNESS
KINGDOM
HEAVEN

Matthew 5:11-12

```
P R E W A R D K B L D P G Q
P E R W N M D T I D M R R N
G R R Z R E Z V W V E P P N
J A J S S N E N B A Q J J J
E Y G S E X J J T Z G B T M
G C E A Y C S T E H O R P P
N L I L I N U T J J T F B Y
B P A O R N L T N K A E N W
X E K D J U S E E L C R P T
T O Y M S E V T S A Y G B P
Q P P N Q A R E U Q L L Y R
T L I J E T L S Z K Y P M N
R E T H Y Y E D N R D J K D
```

"*Blessed* are you when *people* *insult* you, *persecute* you and *falsely* say all kinds of *evil* *against* you *because* of me. *Rejoice* and be *glad*, because *great* is your *reward* in *heaven*, for in the same way they persecuted the *prophets* who were before you."

BLESSED	BECAUSE
PEOPLE	REJOICE
INSULT	GLAD
PERSECUTE	GREAT
FALSELY	REWARD
EVIL	HEAVEN
AGAINST	PROPHETS

Matthew 5:14-16

```
W O R L D Y T I C H T
E K R A G N T Y I M X
N G B M L W E L T Q K
I J L P F H L D G G Z
H B Q O E A Z G D P P
S P T A R T T S O I D
J X V E H I K H M O H
T E K G K R F N E Q D
N D I Y O S Q Y D R Z
B L Z W L Q A X R Y X
V R Z K D R R B N R P
```

"You are the light of the world. A city set on a hill cannot be hidden; nor does anyone light a lamp and put it under a basket, but on the lampstand, and it gives light to all who are in the house. Let your light shine before men in such a way that they may see your good works, and glorify your Father who is in heaven."

LIGHT	SHINE
WORLD	GOOD
CITY	WORKS
HILL	GLORIFY
HIDDEN	FATHER
LAMP	HEAVEN
BASKET	

Matthew 5:19-20

```
L K Y N L G L Q Q R N Q G C B M
Q Z N X J T E P K S Q E O Q N P
S E E S I R A H P Q C M V S Q G
T R B T G G S R E N M R S A Y G
G R E M E N T N B A M E I S E G
M R B V N A T L N R N R D B R H
O B L Y E E C D N S W E E E E W
D Y M L R O M H U N E P A V M S
G T L B Y E H O E C B T K N E J
N Z Q N N B E W X S R D L B R N
I Y M T P T Y E M L E M K Z J Q
K M S Y H D N L L T A R M L Y D
T M M G L Y R M P G K P Z D N B
Q M I K G B N L J P S Q J N L W
T R L Y M X Q L Z L T Q Y Y V N
```

"Therefore, _whoever_ _breaks_ one of the _least_ of these _commandments_, and _teaches_ others to do the same, will be called least in the _kingdom_ of _heaven_; but whoever does them and teaches them will be called _great_ in the kingdom of heaven. For I tell you, unless your _righteousness_ _exceeds_ that of the _scribes_ and _Pharisees_, you will _never_ _enter_ the kingdom of heaven."

WHOEVER
BREAKS
LEAST
COMMANDMENTS
TEACHES
KINGDOM
HEAVEN

GREAT
RIGHTEOUSNESS
EXCEEDS
SCRIBES
PHARISEES
NEVER
ENTER

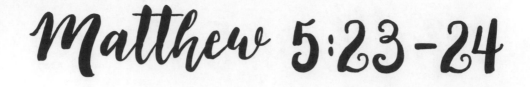

```
D M R Z R R R X Q J
B E L E A T X B T L
B K L T M B S G T A
R P L I L E N R G N
O A R T C I M A I S
T F I G R N I B I F
H D Q E C N O S E W
E D F O S G T C Z R
R F M T R E B B E D
O E M Y R K R J L R
```

"Therefore, if you are <u>offering</u> your <u>gift</u> at the <u>altar</u> and there <u>remember</u> that your <u>brother</u> or <u>sister</u> has something <u>against</u> you, leave your gift there in front of the altar. <u>First</u> go and be <u>reconciled</u> to them; then <u>come</u> and offer your gift."

OFFERING   SISTER

GIFT   AGAINST

ALTAR   FIRST

REMEMBER   RECONCILED

BROTHER   COME

Matthew 5:43-45

```
Q B C Z R N Y S B Y
J E M H Y E E A R X
R G T T I I H I R H
E O L U M L G T E P
V O B E C H D A A L
O D N H T E V R I F
L E E E G E S V E N
N T O S N I E R I N
Y U J B I M E A E K
S L S M Q R R N B P
```

"You have heard that it was said, 'Love your _neighbor_ and hate your enemy.' But I tell you, _love_ your _enemies_ and _pray_ for those who _persecute_ you, that you may be _children_ of your _Father_ in _heaven_. He causes his _sun_ to _rise_ on the _evil_ and the _good_, and sends _rain_ on the _righteous_ and the unrighteous."

NEIGHBOR	HEAVEN
LOVE	SUN
ENEMIES	RISE
PRAY	EVIL
PERSECUTE	GOOD
CHILDREN	RAIN
FATHER	RIGHTEOUS

Matthew 6:3-4

```
G N I O D P M G N J N
D O N E S B L Y Z N R
V Q L P M E L Q W T L
M P M E D G E D N L K
D N N Z F G N S N V N
K R G E I T R I T A V
R G A V E E T E V K H
B G E W H D R H N I P
D D G T E C Y O G Y G
Z T A N E R W Y M I R
Y F B S X M M J L J R
```

"But when you <u>give</u> to the <u>needy</u>, do not let your <u>left</u> <u>hand</u> <u>know</u> what your <u>right</u> hand is <u>doing</u>, so that your <u>giving</u> may be in <u>secret</u>. Then your <u>Father</u>, who <u>sees</u> what is <u>done</u> in secret, will <u>reward</u> you."

GIVE	GIVING
NEEDY	SECRET
LEFT	FATHER
HAND	SEES
KNOW	DONE
RIGHT	REWARD
DOING	

Matthew 6:9-13

```
N B R Z L K J V V P L N M M
O M L L L D L R E G L N L W
I V X R V J T E W A Y L T N
T Z D R L X D K V D R B I D
A D E W O L L A H I N T A W
T T L G K Y P L L E G I H B
P W I X T I F R V D L R R N
M P V T N A N A A Y G E O D
E W E P T E E G B Y A R E F
T N R H V H T T D D W B M K
Q P E I M Z R T Z O T T N M
D R L L K D D P N S M A W Y
V B N D J T Y D Y V M P T R
G N N Y N R T W M E L J Y Y
```

"This, then, is how you should _pray_:

'Our _Father_ in heaven, _hallowed_ be your _name_, your _kingdom_ come, your _will_ be done, on _earth_ as it is in _heaven_. Give us today our _daily_ _bread_. And _forgive_ us our _debts_, as we also have forgiven our debtors. And lead us not into _temptation_, but _deliver_ us from the _evil_ one.'"

PRAY	DAILY
FATHER	BREAD
HALLOWED	FORGIVE
NAME	DEBTS
KINGDOM	TEMPTATION
WILL	DELIVER
EARTH	EVIL
HEAVEN	

Matthew 6:19-21

```
S H T S U R E T T T
T T M K N M R R H T
O R B X U A E I X S
R A D S E A E H T K
E E N H S V E E A O
H O T U E A A E S N
C T R S V L R L Q L
Y E O E Y B A W Y G
S R N M Y B N W P N
```

"Do not store up for yourselves treasures on earth, where moth and rust consume and where thieves break in and steal; but store up for yourselves treasures in heaven, where neither moth nor rust consumes and where thieves do not break in and steal. For where your treasure is, there your heart will be also."

STORE	THIEVES
TREASURES	BREAK
EARTH	STEAL
MOTH	HEAVEN
RUST	HEART
CONSUME	ALSO

Matthew 6:24

```
S R D D T H D D G G B K
R E L E A P E O C D Y Q
E H M T S V D A O N E T
T T E Y O P N Y E N O M
S I W T O N I V T K D R
A E E T O E R S O N V Z
M D H T V E P W E V Y M
B E R O S G T J N L P M
R K L B Y B G Y G K Y N
```

"No one can _serve_ _two_ _masters_, for _either_ he will _hate_ the _one_ and _love_ the _other_, or he will be _devoted_ to the one and _despise_ the other. You _cannot_ serve _God_ and _money_."

SERVE	OTHER
TWO	DEVOTED
MASTERS	DESPISE
EITHER	CANNOT
HATE	GOD
ONE	MONEY
LOVE	

Matthew 6:25

```
M J N M D X R M E L T V
K L E N D G Y A D Q N T
D Y G R D T T W Q M P J
L Q D R O G V C O T W R
N X I R Y F L R D B T D
J N B N G O E Q R E G M
K R N R T N F R L A Y D
B T A H W G I L E R E M
M O I R M Z L Z R H J W
T N D W T N T O P N T Y
G Q Q Y J X W X B N D N
```

"Therefore I tell you, do not worry about your life, what you will eat or what you will drink, or about your body, what you will wear. Is not life more than food, and the body more than clothing?"

THEREFORE	DRINK
TELL	BODY
WORRY	WEAR
LIFE	MORE
WHAT	CLOTHING
EAT	

Matthew 6:26-27

```
R E H T A G H B N N
F A T H E R O M W W
E N H F S L U O O V
L Z I E O D R S S R
G L E O A R E N N R
N B K U Y V R E E D
I R I I L A E A F S
S R N R B A P N P Y
L G I J D D V A L T
X V T A V S N M R Y
```

"<u>Look</u> at the <u>birds</u> of the <u>air</u>; they neither <u>sow</u> nor <u>reap</u> nor <u>gather</u> into <u>barns</u>, and yet your <u>heavenly</u> <u>Father</u> <u>feeds</u> them. Are you not of more <u>value</u> than they? And can any of you by <u>worrying</u> add a <u>single</u> <u>hour</u> to your <u>span</u> of <u>life</u>?"

LOOK	FATHER
BIRDS	FEEDS
AIR	VALUE
SOW	WORRYING
REAP	SINGLE
GATHER	HOUR
BARNS	SPAN
HEAVENLY	LIFE

Matthew 6:28-30

```
J Y R R O W J F A I T H S
V X D G N W R Y G R K O B
T J X E R V J R L P L D N
L P V S G O A T E O B G C
N O Q E R S W M Q B L X
N J R I S J I O T T O J L
I J N L N L N Y O T Y F D
P M J I A W R I H R I X L
S R Z L M O L I Y E P D T
R G Y R L P N T L L Z G L
K R P G Y G B D J P R D L
```

"And why do you _worry_ about _clothing_? Consider the _lilies_ of the _field_, how they _grow_; they neither _toil_ nor _spin_, yet I tell you, even _Solomon_ in all his _glory_ was not clothed like one of these. But if God so clothes the _grass_ of the field, which is _alive_ today and tomorrow is thrown into the _oven_, will he not much more clothe you—you of little _faith_?"

WORRY	SOLOMON
CLOTHING	GLORY
LILIES	GRASS
FIELD	ALIVE
GROW	OVEN
TOIL	FAITH
SPIN	

Matthew 6:33-34

```
R I G H T E O U S N E S S
T M E F L E S T I Y X J M
H O N L V W N X Q Z K M Q
I D M R B R O O D Y X W T
N G M O D U F R U L R B V
G N T B R I O N R G N K B
S I M V R R E R P Y H Z Q
P K R S E V O Y T Z G W R
M N T A I Y M W L Y M N Z
B M C G S E E K A N Q N D
Z H V R B M Y D J L J W N
```

"But seek first his kingdom and his righteousness, and all these things will be given to you as well. Therefore do not worry about tomorrow, for tomorrow will worry about itself. Each day has enough trouble of its own."

SEEK
FIRST
KINGDOM
RIGHTEOUSNESS
THINGS
GIVEN
WORRY
TOMORROW
ITSELF
EACH
DAY
ENOUGH
TROUBLE

Matthew 7:7-8

```
E N E V I G Z R
K V O P E N E D
C L E N D C D K
O K L R E O S Z
N R D I Y A O S
K Y V N W O E R
N E O M I E N M
S P Y U K F B E
```

"<u>Ask</u> and it <u>will</u> be <u>given</u> to <u>you</u>; <u>seek</u> and you will <u>find</u>; <u>knock</u> and the <u>door</u> will be <u>opened</u> to you. For <u>everyone</u> who asks <u>receives</u>; the one who seeks finds; and to the one who knocks, the door will be opened."

ASK	KNOCK
WILL	DOOR
GIVEN	OPENED
YOU	EVERYONE
SEEK	RECEIVES
FIND	

Matthew 7:9-11

```
D A E R B B X D R D
S S F T E Q V G N D
N K D I Y H I S C D
A S H D S F T H O R
K A Q E T H I A E N
E W V S A L E N F M
W I X G D V O V O L
G N Z R O T E R I L
X Z E B S O E N N L
Q N M D T J D N J P
```

"Which of you, if your <u>son</u> asks for <u>bread</u>, will <u>give</u> him a <u>stone</u>? Or if he <u>asks</u> for a <u>fish</u>, will give him a <u>snake</u>? If you, then, though you are <u>evil</u>, know how to give <u>good</u> <u>gifts</u> to your <u>children</u>, how much <u>more</u> will your <u>Father</u> in <u>heaven</u> give good gifts to those who ask him!"

SON	EVIL
BREAD	GOOD
GIVE	GIFTS
STONE	CHILDREN
ASKS	MORE
FISH	FATHER
SNAKE	HEAVEN

Matthew 7:24-25

```
J T T N B J B J Y N K T N W
L D P Y Z E P J Y G M W T M
Z N Z T A K L J Y B R L M W
N O I T A D N U O F I A T L
P N R M L T R V R U Q E I M
S R E S I W T Q B Y V S W N
T R A M W X W J G E R Y Z T
R M B C N Y T Q R A K M J D
E Y H S T M Y Y E C Q J J B
A S Z O D I O H O X Q X M M
M L D L U N C R B L E W N M
S L W R E S I E M P N P L Y
N A Z K O B E W G J G Q W L
N F J J B W B Q N R K G D Z
```

"Therefore _everyone_ who _hears_ these _words_ of mine and puts them into _practice_ is like a _wise_ man who _built_ his _house_ on the _rock_. The _rain_ came down, the _streams_ rose, and the _winds_ _blew_ and _beat_ against that house; yet it did not _fall_, because it had its _foundation_ on the rock."

EVERYONE

HEARS

WORDS

PRACTICE

WISE

BUILT

HOUSE

ROCK

RAIN

STREAMS

WINDS

BLEW

BEAT

FALL

FOUNDATION

Matthew 8:3-4

```
D E H C T E R T S X C
Y B T W Y N J N F O T
N J T O A S O E M I Z
O T C E U T O M S K G
M C L L H C A R P U D
I C H I E N H R P M S
T O N O D A I E O E D
S G F E O E N S D N L
E H D F S S E S A W J
T B O T E S E H E Q N
T J W W M R L X Z D L
```

He _stretched_ out his _hand_ and _touched_ him, saying, "I do _choose_. Be made _clean!_" Immediately his _leprosy_ was _cleansed_. Then _Jesus_ said to him, "See that you say _nothing_ to anyone; but go, _show_ yourself to the _priest_, and _offer_ the _gift_ that _Moses_ _commanded_, as a _testimony_ to them."

STRETCHED	NOTHING
HAND	SHOW
TOUCHED	PRIEST
CHOOSE	OFFER
CLEAN	GIFT
LEPROSY	MOSES
CLEANSED	COMMANDED
JESUS	TESTIMONY

Matthew 8:10b-11

```
Q V D G H I M C A A S I Y
Q Q Y T S O B X D K Z D N
L V I R D A N Y O N E M X
S A A G N T J G R J N T M
F E N M S E R B O C A J D
L I C A A K V U T E L L B
K M E A F H G A L E A S T
D F J O L R A T E Y X X T
Y T U Q E P S R B H K Y B
N N N A P E D M B Y N B N
D G T Q W K B M L A N T L
```

"Truly I tell you, I have not found anyone in Israel with such great faith. I say to you that many will come from the east and the west, and will take their places at the feast with Abraham, Isaac and Jacob in the kingdom of heaven."

TRULY	WEST
TELL	PLACES
FOUND	FEAST
ANYONE	ABRAHAM
ISRAEL	ISAAC
GREAT	JACOB
FAITH	KINGDOM
EAST	HEAVEN

Matthew 8:25-27

```
S A W A V E S E L M L
E M Z J N D V R L N W
L A Q T N A E A L B M
P Z D I S B C Y E B O
I E W I U E L T T I L
C D H K A D L M X D M
S G E T R R R J W W N
I D D O I L F O R Z W
D T L M D A K A W T B
K R L R B E F T D N Z
```

The _disciples_ went and _woke_ him, saying, "_Lord_, _save_ us! We're going to _drown_!" He replied, "You of _little_ _faith_, why are you so _afraid_?" Then he got up and _rebuked_ the _winds_ and the _waves_, and it was completely _calm_. The men were _amazed_ and asked, "What kind of man is this? Even the winds and the waves _obey_ him!"

DISCIPLES	AFRAID
WOKE	REBUKED
LORD	WINDS
SAVE	WAVES
DROWN	CALM
LITTLE	AMAZED
FAITH	OBEY

Matthew 9:1-2

```
D N T H G U O R B L W
S E M J S T H S I N S
T V Z O E E A C B L V
E I N Y A S R O H D B
P G R R L O U T B J X
P R T E S A I S N N N
E O T S V A R W T J Q
D F E A F O O A V X V
G D M L M T B D P V V
```

Jesus stepped into a boat, crossed over and came to his own town. Some men brought to him a paralyzed man, lying on a mat. When Jesus saw their faith, he said to the man, "Take heart, son; your sins are forgiven."

JESUS	PARALYZED
STEPPED	MAT
BOAT	FAITH
CROSSED	HEART
OVER	SON
TOWN	SINS
BROUGHT	FORGIVEN

Matthew 9:12-13

```
N J X J J Y L T Z N X J L Q
R Q Q Q K J M X R L B T J L
A V K Y B J D K L J D P Z W
E S T L D M Q R X D R Q L Y
L I R Q L L Z T W E X L R Y
N N M I K A R B C W T L L P
H N G Y G E C I D X J T S B
R E N R R H F H E A R I N G
J R A I T I T D T S C M D Z
Q S S L R D O E U K E J Q Q
Y E M C T E S O R B M Q Z
D R A K T H E E C U L B O B
M S T O Z J Y Y N B S N D C
T T R V K D Q P B T M T Y G
```

On <u>hearing</u> this, <u>Jesus</u> said, "It is not the <u>healthy</u> who <u>need</u> a <u>doctor</u>, but the <u>sick</u>. But go and <u>learn</u> what this means: 'I <u>desire</u> <u>mercy</u>, not <u>sacrifice</u>.' For I have not <u>come</u> to <u>call</u> the <u>righteous</u>, but <u>sinners</u>."

HEARING	DESIRE
JESUS	MERCY
HEALTHY	SACRIFICE
NEED	COME
DOCTOR	CALL
SICK	RIGHTEOUS
LEARN	SINNERS

Matthew 9:20-22

```
E D G E R C T W A S
B M T R T O L G D D
D O J W U U N O W M
H M H C E I R G A T
T E H E D L N N P K
I N N E A S V Z E L
A T E A X L R E G D
F L T N M G E A Z L
B X L J Z O T D E T
X L Q B L J W J D Y
```

Just then a <u>woman</u> who had been subject to <u>bleeding</u> for <u>twelve</u> <u>years</u> came up behind him and touched the <u>edge</u> of his <u>cloak</u>. She said to herself, "If I only <u>touch</u> his cloak, I will be <u>healed</u>." Jesus <u>turned</u> and <u>saw</u> her. "Take heart, daughter," he said, "your <u>faith</u> has healed you." And the woman was healed at that <u>moment</u>.

WOMAN	TOUCH
BLEEDING	HEALED
TWELVE	TURNED
YEARS	SAW
EDGE	FAITH
CLOAK	MOMENT

Matthew 9:27-30a

```
G X T M M B J D A V I D
N R T O L R E P B J K W
I Y E I U W R E V N D R
L T N S O C L H T I A F
L D H L T I H Y C R E M
A L L G E O J E S U S L
C O P V I S R E D N Z D
F R E Y O S Y E X K N M
T D N N V E Y L D J Z B
```

As Jesus went on from there, two blind men followed him, calling out, "Have mercy on us, Son of David!" When he had gone indoors, the blind men came to him, and he asked them, "Do you believe that I am able to do this?" "Yes, Lord," they replied. Then he touched their eyes and said, "According to your faith let it be done to you"; and their sight was restored.

JESUS
BLIND
FOLLOWED
CALLING
MERCY
SON
DAVID

BELIEVE
LORD
TOUCHED
EYES
FAITH
SIGHT
RESTORED

Matthew 10:6-8a

```
M E G A S S E M W Y
I R A I S E O Y S Z
A L J I D D C O W N
L L C A G L R N E N
C K E N E P T V M S
O D I A E P A S N T
R K N L R E E O O E
P S A A H S M E M L
E E E L L E I O H D
H N Y B D Q C G K S
```

"Go rather to the <u>lost</u> <u>sheep</u> of <u>Israel</u>. As you go, <u>proclaim</u> this <u>message</u>: 'The <u>kingdom</u> of <u>heaven</u> has <u>come</u> <u>near</u>.' <u>Heal</u> the <u>sick</u>, <u>raise</u> the <u>dead</u>, <u>cleanse</u> those who have <u>leprosy</u>, drive out <u>demons</u>."

LOST	NEAR
SHEEP	HEAL
ISRAEL	SICK
PROCLAIM	RAISE
MESSAGE	DEAD
KINGDOM	CLEANSE
HEAVEN	LEPROSY
COME	DEMONS

Matthew 10:8b-10

```
R Y Q J Y D L R Q Y L L
E E E R Y M N L P P R N
X G C N Y F K Q B N G B
T I P E R P P O C T G
R V Y E I U Q K K G S K
A E E T D V O B E L A J
N L J W J R E J A E W B
Y S D N O Y E D N S P W
S T L E B R N V H D O M
Z A O B Y A K I L R P Q
V F G G S L R E T I B Y
R F Y K T T L H R N S B
```

"Freely you have received; freely give. Do not get any gold or silver or copper to take with you in your belts—no bag for the journey or extra shirt or sandals or a staff, for the worker is worth his keep."

FREELY	JOURNEY
RECEIVED	EXTRA
GIVE	SHIRT
GOLD	SANDALS
SILVER	STAFF
COPPER	WORKER
BELTS	WORTH
BAG	KEEP

Matthew 10:18-20

```
S S G N I K A E P S A T
G E E T A L L Y V C R R
T O S L H R B B C K Y L
H G V S I G R O Q T J P
R F X E E T U E R J Y M
O T A N R N N O S L R N
U S I T T N T E R T X L
G G Y R H T O I G B M G
H N R L I E Y R W Z I V
V I R M Y P R T S V D N
M K O R R L S R E T T R
Q J W P K M T N B Y P Y
```

"On my <u>account</u> you will be <u>brought</u> before <u>governors</u> and <u>kings</u> as <u>witnesses</u> to them and to the <u>Gentiles</u>. But when they <u>arrest</u> you, do not <u>worry</u> about what to say or how to say it. At that time you will be <u>given</u> what to say, for it will not be you <u>speaking</u>, but the <u>Spirit</u> of your <u>Father</u> speaking <u>through</u> you."

ACCOUNT
BROUGHT
GOVERNORS
KINGS
WITNESSES
GENTILES
ARREST

WORRY
GIVEN
SPEAKING
SPIRIT
FATHER
THROUGH

Matthew 10:26-27

```
W H I S P E R E D X
C X M L A O K A M D
B O P I O F Y R E W
H T N F A L R S A N
K I S C I L O A O D
N L D G E L C T I K
O L H D C A H O A D
W T L S E I L E R R
N Z I E N N P E A P
W D J G T S P E D J
```

"So do not be <u>afraid</u> of them, for there is <u>nothing</u> <u>concealed</u> that will not be <u>disclosed</u>, or <u>hidden</u> that will not be made <u>known</u>. What I <u>tell</u> you in the <u>dark</u>, <u>speak</u> in the <u>daylight</u>; what is <u>whispered</u> in your <u>ear</u>, <u>proclaim</u> from the <u>roofs</u>."

AFRAID	DARK
NOTHING	SPEAK
CONCEALED	DAYLIGHT
DISCLOSED	WHISPERED
HIDDEN	EAR
KNOWN	PROCLAIM
TELL	ROOFS

```
M O R E R A C N T G
S W O R R A P S D Y
D E R E B M U N G L
R N D R L S A R Z Q
E Y R I R L O N H L
H Y N I A U A T Y W
T E A N N R R F N X
A H A D E O F O W T
F B W D W P J A W J
```

"Are not _two_ _sparrows_ sold for a _penny_? Yet not one of them will _fall_ to the _ground_ outside your _Father's_ _care_. And even the very _hairs_ of your _head_ are all _numbered_. So don't be _afraid_; you are _worth_ _more_ than _many_ sparrows."

TWO	HAIRS
SPARROWS	HEAD
PENNY	NUMBERED
FALL	AFRAID
GROUND	WORTH
FATHER	MORE
CARE	MANY

Matthew 10:42

```
Y W A D S R R D M G J
G L L N E E I W O P X
X O N W Y S V N V L B
C M A I C O E I I V D
R R T I A S N T G Q R
D M P R L T T E X T R
N L C E U L R T E L L
E Q U T E L W E S O L
V D P A B L Y N C B Y
E G M W G P D M N V L
```

"And if <u>anyone</u> <u>gives</u> <u>even</u> a <u>cup</u> of <u>cold</u> <u>water</u> to one of these <u>little</u> <u>ones</u> who is my <u>disciple</u>, <u>truly</u> I <u>tell</u> you, that person will <u>certainly</u> not <u>lose</u> their <u>reward</u>."

ANYONE	ONES
GIVES	DISCIPLE
EVEN	TRULY
CUP	TELL
COLD	CERTAINLY
WATER	LOSE
LITTLE	REWARD

Matthew 11:5

```
D G Y D G R V D B R M P
S E O N A R E N E G T P
I O M E A S N C S W E N
G M H I N L E P R O S Y
H R S A A I P O O R Y Q
T E E D V L D E S I A R
D L D E N Y C Q X D R R
C W A L K I B O E R Z Z
K B E M R W L A R Y M T
R N D R E T F B R P Z T
```

"The <u>blind</u> <u>receive</u> <u>sight</u>, the <u>lame</u> <u>walk</u>, those who have <u>leprosy</u> are <u>cleansed</u>, the <u>deaf</u> <u>hear</u>, the <u>dead</u> are <u>raised</u>, and the <u>good</u> <u>news</u> is <u>proclaimed</u> to the <u>poor</u>."

BLIND	HEAR
RECEIVE	DEAD
SIGHT	RAISED
LAME	GOOD
WALK	NEWS
LEPROSY	PROCLAIMED
CLEANSED	POOR
DEAF	

Matthew 11:11

```
G T W O M E N T T
H R X T N T S J K
E U E Y S I V I T
A L B A T A N R A
V Y L P T G E R Z
E B A E D E I L N
N B O O T S R H D
T Z M R E L O N J
Z B D N N J V R L
```

"Truly I tell you, among those born of women no one has arisen greater than John the Baptist; yet the least in the kingdom of heaven is greater than he."

TRULY
TELL
BORN
WOMEN
ARISEN
GREATER

JOHN
BAPTIST
LEAST
KINGDOM
HEAVEN

Matthew 11:25-26

```
I N S N W I L L E R T K
M N P U Q I E P E M D K
G W T Z O A S V N P I M
N Z D E R I E M D B T
B G Q T L A C T T H T I
G B H V L L T A E P N K
F V R E B B I A R F D N
S A D J D Z V G A G E D
U W T R Q E R N E D G P
S W O H N V T V D N Z D
E L Y J E S B I Q N T L
J Z D T L R H Z N R B Y
```

At that <u>time</u> <u>Jesus</u> said, "I thank you, <u>Father</u>, <u>Lord</u> of <u>heaven</u> and <u>earth</u>, because you have <u>hidden</u> these things from the <u>wise</u> and the <u>intelligent</u> and have <u>revealed</u> them to <u>infants</u>; yes, Father, for such was your <u>gracious</u> <u>will</u>."

TIME	WISE
JESUS	INTELLIGENT
FATHER	REVEALED
LORD	INFANTS
HEAVEN	GRACIOUS
EARTH	WILL
HIDDEN	

Matthew 11:28-30

```
L L E M Y S W T R T X
T I W K L W R C Z N D
Q N G U O A E E O R J
L T O H E Y V A E M M
Y S D H T I K S R Y E
B V N G G J T D W Y G
N Y A E E H U M B L E
K R A E D N T G Q X Y
P S A Y H R T W W J M
Y Z B E B K U L M V D
Y J M Y L G D B E X B
```

"Come to me, all you that are weary and are carrying heavy burdens, and I will give you rest. Take my yoke upon you, and learn from me; for I am gentle and humble in heart, and you will find rest for your souls. For my yoke is easy, and my burden is light."

COME
WEARY
HEAVY
BURDENS
GIVE
REST
YOKE

LEARN
GENTLE
HUMBLE
HEART
SOULS
EASY
LIGHT

Matthew 12:49-50

```
W H O E V E R P R T K P
J T M D D H L D B Z O T
R V M B I N E R O I N L
S E L G R S O A N E R T
I P H Y W T C T V T S L
S D R T H F I I G E T L
T Y Q E O N A J P D N L
E K R P G M Q T L L L R
R N Y M B N G R H I E R
X B R X N N N M W E W S
R M B X T T B P M R R J
```

And _pointing_ to his _disciples_, he said,
"Here are my _mother_ and my brothers!
For _whoever_ _does_ the _will_ of my _Father_
in _heaven_ is my _brother_ and _sister_ and
mother."

POINTING	WILL
DISCIPLES	FATHER
MOTHER	HEAVEN
WHOEVER	BROTHER
DOES	SISTER

Matthew 13:8-9

```
P Y D L G M R L S Q D T
Y X W R B K X E L E F S
U H U N D R E D C E I D
N N L G R D R U R X F P
E S D L S Y D T T B O E
T O T E P O I Y Y R A R
S I H P R L V W C R A Q
I L I P E S A W S E K X
L D R Y R D T N H G K Z
G G T Q N M B A T R N R
N X Y B N T Z X N E V W
B Y M G X K V L T D D D
```

"Still other _seeds_ _fell_ on _fertile_ _soil_, and they _produced_ a _crop_ that was _thirty_, _sixty_, and even a _hundred_ times as much as had been _planted_! Anyone with _ears_ to _hear_ should _listen_ and _understand_."

SEEDS
FELL
FERTILE
SOIL
PRODUCED
CROP
THIRTY

SIXTY
HUNDRED
PLANTED
EARS
HEAR
LISTEN
UNDERSTAND

Matthew 13:16-17

```
D H E A R S Z Y D Z M
R T T S Q D L Y L J R
S D L U U Y Q R R I D
P E K M R A Y Q G S R
Z E Y B Q T C H T A V
J N L E L D T E E M M
L T J P E E H H B Y Y
R L L G O P S Y S Y R
G Z N U O E Y S N E G
R O S R G X P W E A E
L X P Z V Z Y R M D M
```

"But blessed are your eyes, because they see; and your ears, because they hear. I tell you the truth, many prophets and righteous people longed to see what you see, but they didn't see it. And they longed to hear what you hear, but they didn't hear it."

BLESSED	TRUTH
EYES	MANY
BECAUSE	PROPHETS
SEE	RIGHTEOUS
EARS	PEOPLE
HEAR	LONGED

Matthew 13:31-32

```
M N B K R X L G P X T T Z L Q
M N T R E G R M U S T A R D D
Y P Q E A E Y Q J S L D E E S
V X R G A N N N M Y Y M L Q Y
D T P T M W C A E L B A R A P
R T E R J S L H N J G Q B N T
L S Y L B L K W E N J R B T V
T P P U E N I D D S F Q O L X
K J R S K N W E D I Q W P
J H T Z K J G N R W V D E L N
S N G K B B D E S D O R R L N
Y J E V R K O V J D D S N J D
R X R S X W M A Q J R K D N Q
N X Y P T L L E G T L I P M J
N D M L N S B H N D B L B B X
```

He put before them another <u>parable</u>: "The <u>kingdom</u> of <u>heaven</u> is like a <u>mustard</u> <u>seed</u> that someone took and <u>sowed</u> in his <u>field</u>; it is the <u>smallest</u> of all the seeds, but when it has <u>grown</u> it is the <u>greatest</u> of <u>shrubs</u> and becomes a <u>tree</u>, so that the <u>birds</u> of the air come and make <u>nests</u> in its <u>branches</u>."

PARABLE
KINGDOM
HEAVEN
MUSTARD
SEED
SOWED
FIELD
SMALLEST

GROWN
GREATEST
SHRUBS
TREE
BIRDS
NESTS
BRANCHES

Matthew 13:41, 43

```
S U O E T H G I R
S U N S S A K F B
R O R E N I A L P
A A N G N T S D G
E D E G H H E E Y
H L D E I E V N Y
S O R N W I I N N
M J E Y L S Y T W
```

"The Son of Man will send out his angels, and they will weed out of his kingdom everything that causes sin and all who do evil. . . . Then the righteous will shine like the sun in the kingdom of their Father. Whoever has ears, let them hear."

SON
SEND
ANGELS
WEED
KINGDOM
SIN
EVIL

RIGHTEOUS
SHINE
SUN
FATHER
EARS
HEAR

Matthew 13:44

```
E R T D I S C O V E R E D W
R V H G U O N E X O W N E D
U B E Q Y B X C D L O S Z B
S U A R R E I M K X B W K G
A Y V R Y T N I N F P M Q Q
E J E B E T N O I D T Q R J
R L N M J G H E M G L N D L
T M E B D M L I N E D D I H
G N T O I D W D N L L L W V T
T Q M M H X Y V Z G X Y P L
```

"The Kingdom of Heaven is like a treasure that a man discovered hidden in a field. In his excitement, he hid it again and sold everything he owned to get enough money to buy the field."

KINGDOM
HEAVEN
TREASURE
DISCOVERED
HIDDEN
FIELD
EXCITEMENT

HID
SOLD
EVERYTHING
OWNED
ENOUGH
MONEY
BUY

Matthew 13:45-46

```
G T K I N G D O M D
E N B O U G H T E Y
C A I M T A E R G D
I H L H O A E Y L P
O C N W T V G O E N
H R N V O Y O A E R
C E N C A K R V I S
D M S J O L A E O N
Z I L U S E U L V N
D T T Q H L D E K E
```

"*Again*, the *Kingdom* of *Heaven* is like a *merchant* on the *lookout* for *choice* *pearls*. When he *discovered* a pearl of *great* *value*, he *sold* *everything* he *owned* and *bought* it!"

AGAIN	DISCOVERED
KINGDOM	GREAT
HEAVEN	VALUE
MERCHANT	SOLD
LOOKOUT	EVERYTHING
CHOICE	OWNED
PEARLS	BOUGHT

Matthew 14:25-27

```
D I A R F A J E S U S
T E R R I F I E D M Y
D W T D D G L Z O D R
E Y A N R P H R L Y Y
I Y G L I A N O S B Y
R K L C K I W P S H R
C A S R N I O O E T M
A I E G A K N A T Z W
D E V F E E R G D K M
D N S T Y T N L Y K Y
```

And _early_ in the _morning_ he came _walking_ _toward_ them on the _sea_. But when the _disciples_ saw him walking on the sea, they were _terrified_, saying, "It is a _ghost_!" And they _cried_ out in _fear_. But immediately _Jesus_ _spoke_ to them and said, "Take _heart_, it is I; do not be _afraid_."

EARLY	GHOST
MORNING	CRIED
WALKING	FEAR
TOWARD	JESUS
SEA	SPOKE
DISCIPLES	HEART
TERRIFIED	AFRAID

```
W R C J H K N I S T W
Y M O E D T Y W B K R
Z K M S J P I U I B T
W G E U J T O A X N R
A P N S D D M Q F E D
L T R O N R R T A O B
K M H A R E O C D R
I S H G T T H L E B K
N V A E U E S T B T L
G Z P V D A A M J Y G
M Y Y T E W C T L M L
```

He said, "Come." So Peter got out of the boat, started walking on the water, and came toward Jesus. But when he noticed the strong wind, he became frightened, and beginning to sink, he cried out, "Lord, save me!" Jesus immediately reached out his hand and caught him, saying to him, "You of little faith, why did you doubt?"

COME
PETER
BOAT
WALKING
WATER
STRONG
WIND
SINK

LORD
SAVE
JESUS
REACHED
HAND
CAUGHT
FAITH
DOUBT

Matthew 15:32

```
C Y P V M T W Z N Z Z Y G
O R B Y J P H T L M R K T
M G K K M M T R T Y N T N
P N S D J S R T E X P V Y
A U W E U Z D M J E W Q P
S H S S L T C N T N I A F
S L E Z T P O R Q J G D D
I J N N D T I P O D B Q M
O N D B H D B C A W Y M V
N T Z I T Y J Y S X D N T
Q R N A T K S L L I W A Y
Y G E J Y T R J D D D N Z
```

Then *Jesus* called his *disciples* to him and said, "I have *compassion* for the *crowd*, because they have been with me now for *three* *days* and have *nothing* to *eat*; and I do not want to *send* them away *hungry*, for they might *faint* on the *way*."

JESUS	NOTHING
DISCIPLES	EAT
COMPASSION	SEND
CROWD	HUNGRY
THREE	FAINT
DAYS	WAY

Matthew 16:16-18

```
F A T H E R B N T P R
X W N X G L E D N L R
T O Q H E V E D L N S
S J N S A L F M O E T
T Q S E A I T L T G G
H E H E S P S A E N X
D C V B E I G S B S H
R E R T U T M L E A H
R O E U Q I O O D M L
N R C B H O L E N L G
Q V D K D C S D N M M
```

Simon Peter answered, "You are the Messiah, the Son of the living God." And Jesus answered him, "Blessed are you, Simon son of Jonah! For flesh and blood has not revealed this to you, but my Father in heaven. And I tell you, you are Peter, and on this rock I will build my church, and the gates of Hades will not prevail against it."

SIMON	REVEALED
PETER	FATHER
MESSIAH	HEAVEN
SON	ROCK
GOD	BUILD
BLESSED	CHURCH
FLESH	GATES
BLOOD	HADES

Matthew 16:26-27

```
L G T T W H O L E M Q
R U N D I W G G Z R J
G E O I V E N O D M Z
W N W S D A F C O M E
E O O A H R A R N D N
Y N R C R N O I O J Z
E R X L G D A C V F J
A E O E D G X K C M T
C X L L T D V K Z A M
H S D L G Q K Y J J Z
```

"What good will it be for someone to gain the whole world, yet forfeit their soul? Or what can anyone give in exchange for their soul? For the Son of Man is going to come in his Father's glory with his angels, and then he will reward each person according to what they have done."

GOOD
GAIN
WHOLE
WORLD
FORFEIT
SOUL
EXCHANGE
SON

COME
GLORY
ANGELS
REWARD
EACH
ACCORDING
DONE

Matthew 17:20b

```
L R J Z K B F L D L N T K
R X Z D Y A J B L O Y L I
Q R Z W I Z R D T Y D M M
M U S T A R D H L R P N M
W H H Q W T I U V O I B G
Q S E E D N R N S A Y A S
V M N R G T N S T E T G W
D A N J E X I N L Y V B Z
Y L P N Q B U K T L G O G
M L D N L O J P X W I M M
N J M E M T J G Y R Z W G
```

"Truly I tell you, if you have faith as small as a mustard seed, you can say to this mountain, 'Move from here to there,' and it will move. Nothing will be impossible for you."

TRULY	MOUNTAIN
FAITH	MOVE
SMALL	HERE
MUSTARD	WILL
SEED	NOTHING
SAY	IMPOSSIBLE

Matthew 18:2-4

```
T S E T A E R G E Z Y M T
M C G Y A L B E N N T T Y
O A N Z M D Q M V E T M V
D L A V O U M M E D E N
G L H L N Z G O Y X O B R
N E C L G D C C K Z T H L
I D E X N E H R L N N J W
K S M R B I L Q M E L D K
S Z T G L G N B V K N T Y
N T M D Y K T A M M X T J
G V M R R M E K L U Q R R
R R W X G H J N Z Z H N V
```

He *called* a *child*, whom he put *among* them, and said, "Truly I tell you, *unless* you *change* and *become* like children, you will never *enter* the *kingdom* of *heaven*. *Whoever* becomes *humble* like this child is the *greatest* in the kingdom of heaven."

CALLED
CHILD
AMONG
UNLESS
CHANGE
BECOME

ENTER
KINGDOM
HEAVEN
WHOEVER
HUMBLE
GREATEST

Matthew 18:10

```
S Y A W L A E J J L N Y
J Z N Q Q F R Y G J L L
J M Z W M Y A T W L Y D
W V D E O W W T E X G D
N P J T C D E T H Z B H
O N E S L N B Y A E E D
L I T T L E E N T A R K
D J X B Z L G S V B O T
J Y G Z D E Q E E O J N
G Y T B L G N Q L R D R
D V M S W T L W T Z P L
```

"Beware that you don't look down on any of these little ones. For I tell you that in heaven their angels are always in the presence of my heavenly Father."

BEWARE   HEAVEN

LOOK   ANGELS

DOWN   ALWAYS

LITTLE   PRESENCE

ONES   FATHER

TELL

Matthew 18:12b-14

```
R E J O I C E S D D T
S E A R C H Z M S S M
S R E H T A F H O R Z
N M Q L L S E L A R K
I T H L I P D S K T E
A K I U H T T N H M L
T W P E N R T E I E N
N V R E A D A L A F O
U D L Y E V R V E N K
O Z T B E H E E E M J
M J R N D P S S D Z W
```

"If a _shepherd_ has a _hundred_ _sheep_, and one of them has gone _astray_, does he not _leave_ the ninety-nine on the _mountains_ and go in _search_ of the one that went astray? And if he _finds_ it, truly I tell you, he _rejoices_ over it _more_ than over the ninety-nine that never went astray. So it is not the _will_ of your _Father_ in _heaven_ that one of these _little_ _ones_ should be _lost_."

SHEPHERD
HUNDRED
SHEEP
ASTRAY
LEAVE
MOUNTAINS
SEARCH
FINDS

REJOICES
MORE
WILL
FATHER
HEAVEN
LITTLE
ONES
LOST

Matthew 19:14-15

```
C H I L D R E N M R T G E
D M W L M V V M J X K M N
V N P S U S E J R I O E Z
B E L O N G S S N C V B D
P V A M Y Y B G D A B P D
P T C J J E D L E A O K L
P N E Y K O S H E T E J D
T D D I M M D B S S J H T
N T L Y X Q N Y Y N S W D
Z P N D Y P A P J L X E J
P B M R J X H Z T G M M D
```

But *Jesus* said, "Let the *children* *come* to me. Don't *stop* them! For the *Kingdom* of *Heaven* *belongs* to those who are *like* these children." And he *placed* his *hands* on their *heads* and *blessed* them before he left.

JESUS	BELONGS
CHILDREN	LIKE
COME	PLACED
STOP	HANDS
KINGDOM	HEADS
HEAVEN	BLESSED

Matthew 19:28-29

```
D R L E A R S I I N M W
E R E P N S O N R J Z T
W E D C M O H T E J V T
O N V M E E R T R M L Y
L E N L R I E H J Z T V
L W J I E R V E T K R R
O A T K N W S E B I R T
F L A A N U T G L O R Y
N S L B S E F I L D T R
```

Jesus said to them, "Truly I tell you, at the *renewal* of all things, when the *Son* of Man is seated on the *throne* of his *glory*, you who have *followed* me will also sit on *twelve* thrones, judging the twelve *tribes* of *Israel*. And everyone who has left houses or brothers or sisters or father or mother or children or fields, for my name's *sake*, will *receive* a hundredfold, and will *inherit* *eternal* *life*."

JESUS	TRIBES
RENEWAL	ISRAEL
SON	SAKE
THRONE	RECEIVE
GLORY	INHERIT
FOLLOWED	ETERNAL
TWELVE	LIFE

```
T  J  R  L  N  N  T  V
R  E  V  E  O  H  W  T
A  E  D  S  M  T  N  C
N  F  Y  E  A  A  A  Y
S  I  I  E  V  M  N  G
O  L  R  R  E  A  I  Y
M  G  E  V  S  V  L  T
T  S  K  Y  E  T  Y  S
```

"But <u>whoever</u> would be <u>great</u> among you must be your <u>servant</u>, and whoever would be <u>first</u> among you must be your <u>slave</u>, even as the <u>Son</u> of Man <u>came</u> not to be served but to serve, and to <u>give</u> his <u>life</u> as a <u>ransom</u> for <u>many</u>."

WHOEVER	CAME
GREAT	GIVE
SERVANT	LIFE
FIRST	RANSOM
SLAVE	MANY
SON	

Matthew 20:32-34

```
D S U S E J W T Q N
E D G D P S D A O P
N D E W D E I I N T
I D K W L M S G O T
A B T L O S S U H O
G W A V A L C E P T
E C E P D H L E Y L
R D M Y E R N O L E
Y O M D N E O Z F Q
C K T J D N N L L G
```

Jesus stood still and called them, saying, "What do you want me to do for you?" They said to him, "Lord, let our eyes be opened." Moved with compassion, Jesus touched their eyes. Immediately they regained their sight and followed him.

JESUS	MOVED
CALLED	COMPASSION
WANT	TOUCHED
LORD	REGAINED
EYES	SIGHT
OPENED	FOLLOWED

Matthew 21:21-22

```
J Y N Z G S D M N B Q W
M W R W U I O T B U O D
W B L S O U F J S E A Y
E H E I N R R J V B Z W
E J A T F E H I J F Y Y
R Y A T Y T E T A R R G
T I W A E C E I L R W D
N M R D E V T D J X D T
V P T R X H E T D Q T B
T B T B Y M L R R K T R
```

Jesus answered them, "Truly I tell you, if you have faith and do not doubt, not only will you do what has been done to the fig tree, but even if you say to this mountain, 'Be lifted up and thrown into the sea,' it will be done. Whatever you ask for in prayer with faith, you will receive."

JESUS
FAITH
DOUBT
FIG
TREE
MOUNTAIN

LIFTED
THROWN
SEA
WHATEVER
PRAYER
RECEIVE

Matthew 21:42

```
S U S E J D D L S T C Y
P Z S G D O J R O O R Z
T Y M C I E R R R M B
G Y D N R D T N E B D Q
N T G Q L I E C E V Y R
I K T I M R P C E S E B
Z W U N S N O T T J L N
A B Y T J M Z O U J E J
M B O D E J N T B R D R
A N N D A E Y E S N E N
E J Y J L E R J L T L S
T D T R M Z R X N Q J J
```

Jesus said to them, "Have you never read in the scriptures: 'The stone that the builders rejected has become the cornerstone; this was the Lord's doing, and it is amazing in our eyes'?"

JESUS	BECOME
NEVER	CORNERSTONE
READ	LORD
SCRIPTURES	DOING
STONE	AMAZING
BUILDERS	EYES
REJECTED	

Matthew 22:30-32

```
N X X T D V T R B K L Y V
O L Y D L L J D T D P T Z
I J T K B R Y T O M Y M R
T G J A C O B G V W J N M
C Q N D Q N N X W T T P N
E T Q I A D A E D M N B Y
R N V R V B W Q D W K X R
R N E G P I R S L E G N A
U D Q V Y Y L A I N W L Q
S G A R A N R S H T N G N
E B R E W E A L R A X Q R
R A Z B R A H X M V M P X
M B P M C R N J M P V M X
```

"For in the <u>resurrection</u> they neither <u>marry</u> nor are given in marriage, but are like <u>angels</u> in <u>heaven</u>. And as for the resurrection of the <u>dead</u>, have you not <u>read</u> what was said to you by <u>God</u>, 'I am the God of <u>Abraham</u>, the God of <u>Isaac</u>, and the God of <u>Jacob</u>'? He is God not of the dead, but of the <u>living</u>."

RESURRECTION
MARRY
ANGELS
HEAVEN
DEAD
READ

GOD
ABRAHAM
ISAAC
JACOB
LIVING

Matthew 22:37-40

```
F I R S T T Y Y M W B
T N E M D N A M M O C
G N J Y J M R P Q R R
T S E T A E R G O S L
E Z K L Y O S B O D B
G V O Y P M H U O Y B
M R O H B G L G S L L
D I E L I T R A E H R
G T N E A Y J T W N B
S D N D T W M V N D R
```

Jesus replied: "'Love the Lord your God with all your heart and with all your soul and with all your mind.' This is the first and greatest commandment. And the second is like it: 'Love your neighbor as yourself.' All the Law and the Prophets hang on these two commandments."

JESUS
LOVE
LORD
GOD
HEART
SOUL
MIND

FIRST
GREATEST
COMMANDMENT
NEIGHBOR
LAW
PROPHETS

Matthew 23:8-10

```
T E A C H E R G O D
S R E H T O R B M T
S V R N E V A E H V
E I T E B A S P E D
N B S R H S R Q M J
O B V T I T U T C P
Y A Q A E A A A H P
N R H P L R L F M P
A X X R W L S Y Y Z
```

"Don't let <u>anyone</u> <u>call</u> you '<u>Rabbi</u>,' for you have only one <u>teacher</u>, and all of you are <u>equal</u> as <u>brothers</u> and <u>sisters</u>. And don't address anyone here on <u>earth</u> as '<u>Father</u>,' for only <u>God</u> in <u>heaven</u> is your Father. And don't let anyone call you 'Teacher,' for you have only one teacher, the <u>Messiah</u>."

ANYONE	SISTERS
CALL	EARTH
RABBI	FATHER
TEACHER	GOD
EQUAL	HEAVEN
BROTHERS	MESSIAH

Matthew 23:11-12

```
R N L Y L Y R R R S
R K O D T L A X E V
G U X M E W L V Z Z
R W Z S I L L A K D
E H A L E E B D V B
A O L M S R K M N R
T M G M O J V W U V
E J E K Y N T A K H
S H N M B Y G L N Y
T W Q X X R K T M T
```

"The greatest among you will be your servant. All who exalt themselves will be humbled, and all who humble themselves will be exalted."

GREATEST	ALL
AMONG	WHO
WILL	EXALT
YOUR	THEMSELVES
SERVANT	HUMBLED

Matthew 24:6

```
S X J D X R T J M
P R N R A E D B W
L E O E Y E Z J K
A W H M M L L I W
C T A R U U J B T
E B A R B R S S Z
B L Z K S Y E T L
A P T K E E J Z N
```

"And you will hear of wars and rumors of wars; see that you are not alarmed; for this must take place, but the end is not yet."

WILL	MUST
HEAR	TAKE
WARS	PLACE
RUMORS	END
SEE	YET
ALARMED	

```
D Y N O M I T S E T
E E R N R C E D H J
S N M R A N O R L N
W K D I D T O M S T
E P I U A U I A E W
N D R N G L V O O D
J E R H G E C R N R
S D O O D D L O T S
B U O J Y D O P R V
T D D J K P D M Y P
```

"But the one who <u>endures</u> to the end will be <u>saved</u>. And this <u>good</u> <u>news</u> of the <u>kingdom</u> will be <u>proclaimed</u> <u>throughout</u> the <u>world</u>, as a <u>testimony</u> to all the <u>nations</u>; and then the <u>end</u> will <u>come</u>."

ENDURES
SAVED
GOOD
NEWS
KINGDOM
PROCLAIMED

THROUGHOUT
WORLD
TESTIMONY
NATIONS
END
COME

Matthew 24:30b-31

```
A B T R C H O S E N B
N J W Y E N G H E Y M
G F A R T H E S T N Z
E P S Q Y A T R W B D
L O X D V T U A T L B
S W C E U M H Y G L J
G E N O P O G G A D W
R R A E M L L S I O P
E D T R O I T C R M J
A V D R T B N L N D R
T L Y R N H D G D B W
```

"And they will see the Son of Man <u>coming</u> on the <u>clouds</u> of heaven with <u>power</u> and <u>great</u> glory. And he will <u>send</u> out his <u>angels</u> with the <u>mighty</u> <u>blast</u> of a <u>trumpet</u>, and they will <u>gather</u> his <u>chosen</u> ones from all over the <u>world</u>—from the <u>farthest</u> ends of the <u>earth</u> and <u>heaven</u>."

COMING	BLAST
CLOUDS	TRUMPET
POWER	GATHER
GREAT	CHOSEN
GLORY	WORLD
SEND	FARTHEST
ANGELS	EARTH
MIGHTY	HEAVEN

Matthew 25:21

```
E W J R Y Z L L B N T P L
N M E N G N U D P H N M Y
O N A F Y F Y E I S W W L
D M P Y H N G N S E S D D
M A S T E R G E L E G B B
M S I T A S N L R O J D T
Z A H H H I B V O C O M E
F Y C A P I A D P L D B W
M D M P R N N N Z D T X P K
Y L A R T E X G D P T P Z
X H P N G R Z J S K R L D
```

"His master replied, 'Well done, good and faithful servant! You have been faithful with a few things; I will put you in charge of many things. Come and share your master's happiness!'"

MASTER	THINGS
WELL	CHARGE
DONE	MANY
GOOD	THINGS
SERVANT	COME
FAITHFUL	SHARE
FEW	HAPPINESS

Matthew 25:31-32

```
E G G G G S T J D M
C P G X L H H E M B
N S Y A R O T E S K
E X H O T A R N E S
S P N E R H O Y L P
E E E A P I E E B S
R N P O T H G R T K
P E O A P N E A E Z
S Y N S A L O R B D
V Q M R R G E N D B
```

"But when the <u>Son</u> of Man comes in his <u>glory</u>, and all the <u>angels</u> with him, then he will sit upon his glorious <u>throne</u>. All the <u>nations</u> will be <u>gathered</u> in his <u>presence</u>, and he will <u>separate</u> the <u>people</u> as a <u>shepherd</u> separates the <u>sheep</u> from the <u>goats</u>."

SON
GLORY
ANGELS
THRONE
NATIONS
GATHERED

PRESENCE
SEPARATE
PEOPLE
SHEPHERD
SHEEP
GOATS

Matthew 25:34-35

```
P R P Y V B N R J J B N
G R N G K I E O M Y J T
N R E C N G S W S T N K
I R I P N I E I V I T T
K S I A A L H H T Q R Z
R D R N C R U T T E M P
B T E O H N E H O D D N
S D M S G E I D R L J B
D E E R S R R I G F C C
D Z Y K S E N I O L A Y
M R B T A K L O T R L M
B Z Y M L N D B E L Q R
```

"Then the *king* will say to those at his right hand, 'Come, you that are *blessed* by my Father, *inherit* the kingdom *prepared* for you from the foundation of the world; for I was *hungry* and you gave me *food*, I was *thirsty* and you gave me something to *drink*, I was a *stranger* and you *welcomed* me, I was *naked* and you gave me *clothing*, I was *sick* and you took *care* of me, I was in *prison* and you *visited* me.'"

KING	STRANGER
BLESSED	WELCOMED
INHERIT	NAKED
PREPARED	CLOTHING
HUNGRY	SICK
FOOD	CARE
THIRSTY	PRISON
DRINK	VISITED

Matthew 26:26

```
G Q B R S G N I T A E Z L
G N I S S E L B S L T N E
P J K Y X N L U R R O L L
A F T E R Y S P G E I A Y
B M B J E E Y G I H A G F
R L D R J K M J W C Q D Y
O L Y D O B A X N Y S X Q
K N R O T J T T T P Z I R
E B T T D B J J J X T X D
```

While they were eating, Jesus took a loaf of bread, and after blessing it he broke it, gave it to the disciples, and said, "Take, eat; this is my body."

WHILE	AFTER
EATING	BLESSING
JESUS	BROKE
TOOK	DISCIPLES
LOAF	TAKE
BREAD	BODY

Matthew 26:27-28

```
S S E N E V I G R O F M
T P T N G G L D S I N S
P N K H N K E M D T W J
U D A I A R J O O L M B
C R V N U N O O N D V D
Y I M O E L K L J J D Q
G N P A B V X S N M D L
K K N L N K O V X V J L
Q Z T L M Y Y C N T Q N
```

Then he took a cup, and after giving thanks he gave it to them, saying, "Drink from it, all of you; for this is my blood of the covenant, which is poured out for many for the forgiveness of sins."

TOOK	BLOOD
CUP	COVENANT
GIVING	POURED
THANKS	MANY
DRINK	FORGIVENESS
ALL	SINS

Matthew 26:39

```
G N I R E F F U S Q N G
G M G J T A R E L L I W
E N Y R R A L N F Y Z N
C B I T O B K A W A Y D
A G H Y I U T E B N G X
F E C S A H N O N V M B
R D S U E R W D L W L D
D O J R P E P L Y J X N
P Q R W D L R E N O D J
```

He went on a little _farther_ and _bowed_ with his _face_ to the _ground_, _praying_, "My _Father_! If it is _possible_, let this _cup_ of _suffering_ be _taken_ _away_ from me. Yet I want your _will_ to be _done_, not mine."

FARTHER	CUP
BOWED	SUFFERING
FACE	TAKEN
GROUND	AWAY
PRAYING	WILL
FATHER	DONE
POSSIBLE	

Matthew 26:53-54

```
S C R I P T U R E S
D E L L I F L U F V
Y C R P A A L G S B
N N Q T P E T L N Q
W O H P G W E E T B
Y E E I E G P H S R
R A O L N P I E Y T
L N V A A N N A R Y
S E K H K D W N T R
```

"Do you _think_ that I cannot _appeal_ to my _Father,_ and he will at _once_ _send_ me more than _twelve_ _legions_ of _angels?_ But how then would the _scriptures_ be _fulfilled,_ which say it must _happen_ in this _way?_"

THINK
APPEAL
FATHER
ONCE
SEND
TWELVE

LEGIONS
ANGELS
SCRIPTURES
FULFILLED
HAPPEN
WAY

Matthew 28:8-10

```
E E L I L A G Q J L N M
Y T L N S W Z O G M M P
R B N D L R Y X N B D M
Y T G B E M E Z W I R D
D P J R J P J H S W I P
E N D M E Y I C T A Y R
P E K E N E I H R O L N
S M J T I P T F S J R M
A O P E L R A I T R N B
L W T E S J R E N O O L
C N S R K U E U J G M W
N G B Q L F S Q H Z S B
```

So the _women_ _hurried_ away from the _tomb_, _afraid_ yet filled with _joy_, and ran to tell his _disciples_. Suddenly _Jesus_ met them. "_Greetings_," he said. They came to him, _clasped_ his _feet_ and _worshiped_ him. Then Jesus said to them, "Do not be afraid. Go and tell my _brothers_ to go to _Galilee_; there they will see me."

WOMEN	GREETINGS
HURRIED	CLASPED
TOMB	FEET
AFRAID	WORSHIPED
JOY	BROTHERS
DISCIPLES	GALILEE
JESUS	

Matthew 28:18-20

```
Y D I S C I P L E S B
T S C Z P O E Q Y A N
I N B O B I V A P X V
R O G E M E R T R R D
O I Y N K M I I F T S
H T N A I Z A A T U H
T A M E I H T N S D N
U N H N V H C E D E Q
A N G O E A J A V E V
Q M O R L M E I E D D
Q W W S Y Y G H L T N
```

And *Jesus* came and said to them, "All *authority* in *heaven* and on *earth* has been *given* to me. Go therefore and *make* *disciples* of all *nations*, *baptizing* them in the name of the *Father* and of the *Son* and of the *Holy* *Spirit*, and *teaching* them to *obey* everything that I have *commanded* you. And remember, I am with you always, to the end of the age."

JESUS	BAPTIZING
AUTHORITY	FATHER
HEAVEN	SON
EARTH	HOLY
GIVEN	SPIRIT
MAKE	TEACHING
DISCIPLES	OBEY
NATIONS	COMMANDED

Mark 1:14-15

```
G N I M I A L C O R P
E J M L J N V A F K N
E E B N E R R U I D N
L S V W A R L N O T V
I U S E E F G G N Q M
L S N S I D D E B J T
A Q T L O L P O O M R
G E L M Y E E H O B B
D E N R R Z N B T G W
D T B Y M J T I M E J
```

Now after John was arrested, Jesus came to Galilee, proclaiming the good news of God, and saying, "The time is fulfilled, and the kingdom of God has come near; repent, and believe in the good news."

JOHN
ARRESTED
JESUS
GALILEE
PROCLAIMING
GOOD
NEWS

GOD
TIME
FULFILLED
KINGDOM
NEAR
REPENT
BELIEVE

Mark 1:25-27

```
T I R I P S A T T J Y
Y N R W Y M Y E L L L
O T K D A L A Y T N V
R L I Z N C D N V B Y
D P E R H I E K P Q S
E D E I O L M E P H Q
R T N J O H O P R T O
S G E I E P T I U B X
Y R V I L S E U E R G
J K N E U K U Y A Y E
M X G Q Y Q M S X N Z
```

"Be quiet!" said Jesus sternly. "Come out of him!" The impure spirit shook the man violently and came out of him with a shriek. The people were all so amazed that they asked each other, "What is this? A new teaching—and with authority! He even gives orders to impure spirits and they obey him."

QUIET
JESUS
STERNLY
IMPURE
SPIRIT
VIOLENTLY
SHRIEK

PEOPLE
AMAZED
TEACHING
AUTHORITY
ORDERS
OBEY

Mark 1:38-39

```
N N J V Y Z R Q T E K B B E
E M I A L C O R P K M V G S
I T H R O U G H O U T A Y V
G D K B N L L C G D S N C N
H E E L I L A G Q S A D Z K
B M T R S V L E G M T N T
O O J N T O N M O N Q P N Q
R N L I M M W G Z O Z L Z T
I S N T K T U N M S L Q J B
N G L D M E Y Q S L T R J Q
G R T D S D J G L A W R J X
```

He answered, "Let us go on to the neighboring towns, so that I may proclaim the message there also; for that is what I came out to do." And he went throughout Galilee, proclaiming the message in their synagogues and casting out demons.

NEIGHBORING
TOWNS
PROCLAIM
MESSAGE
ALSO
CAME

THROUGHOUT
GALILEE
SYNAGOGUES
CASTING
DEMONS

Mark 5:18-19

```
B E G G E D D J J B M Y L
G L B N M R E D N J T U M
X N J L R B M M R Z F U N
N N I D W P O J O I Y S S
X V N H Z G M A C N T U P
R D L V T E T R T B S O L
T R L V N Y E Y V E S B H
E O B O Z M R Y J S M O K
L L D N M M L E E G M X T
L D N T M I T S V E P M J
R J X V M Q S M T E L Y T
N D T A D E B M Q J N Q T
B W F T D Y D P Q P R N D
```

As *Jesus* was getting into the *boat*, the man who had been *demon possessed begged* to go with him. But Jesus said, "No, go *home* to your *family*, and *tell* them *everything* the *Lord* has *done* for you and how *merciful* he has been."

JESUS	FAMILY
BOAT	TELL
DEMON	EVERYTHING
POSSESSED	LORD
BEGGED	DONE
HOME	MERCIFUL

Mark 6:30-31

```
S T H G U A T N S
E Y J E S U S E R
V T R L G T L E F
L E M T I T T F P
E I D M S U O L T
S U E O R I A U T
R Q P N N C N S R
U A E D E E E I J
O D W X R R K T M
```

The apostles returned to Jesus from their ministry tour and told him all they had done and taught. Then Jesus said, "Let's go off by ourselves to a quiet place and rest awhile." He said this because there were so many people coming and going that Jesus and his apostles didn't even have time to eat.

APOSTLES	OFF
RETURNED	OURSELVES
JESUS	QUIET
MINISTRY	PLACE
TOUR	REST
DONE	TIME
TAUGHT	

Mark 9:39-41

```
T W A T E R N M V
K S W D L I V E T
A G I V E S J S D
E N N R J E N Z D
P V A E H I D R P
S E S M A C A O L
B U P G E W W O L
S U A R E E S X J
C Z Z R R E W L Q
```

But <u>Jesus</u> said, "Do not stop him; for no one who does a <u>deed</u> of <u>power</u> in my name will be able soon afterward to <u>speak</u> <u>evil</u> of me. Whoever is not <u>against</u> us is for us. For truly I tell you, whoever <u>gives</u> you a <u>cup</u> of <u>water</u> to drink because you <u>bear</u> the <u>name</u> of <u>Christ</u> will by no means <u>lose</u> the <u>reward</u>."

JESUS	CUP
DEED	WATER
POWER	BEAR
SPEAK	NAME
EVIL	CHRIST
AGAINST	LOSE
GIVES	REWARD

Mark 9:50

```
Y O U R S E L V E S
B J G T W Y X Z R T
P M N A J N N V L K
Z E L X N B L A G L
D W A T N O S A E S
O E T C S B T E K H
O D V T E B N H O G
G R L A Z O K W E Y
Y L R L H Y Y Y N R
```

"Salt is good; but if salt has lost its saltiness, how can you season it? Have salt in yourselves, and be at peace with one another."

SALT	HAVE
GOOD	YOURSELVES
LOST	PEACE
HOW	ONE
SEASON	ANOTHER

Mark 12:43-44

```
D K O M N L Y G M E T D V
T I O T I L K N V P K M K
R R S V H Z L E T Y B N Q
E C E C B E R A T X N M X
A A H J I Y R R J E S U S
S L M T T P E S W X Z T N
U L G H L V L O J P Q W N
R I I A O A D E O T R X D
Y N N P V I E O S J R Y K
G G M X W E R W T J X G K
```

Calling his disciples to him, Jesus said, "Truly I tell you, this poor widow has put more into the treasury than all the others. They all gave out of their wealth; but she, out of her poverty, put in everything—all she had to live on."

CALLING
DISCIPLES
JESUS
POOR
WIDOW
MORE
TREASURY

OTHERS
GAVE
WEALTH
POVERTY
EVERYTHING
ALL
LIVE

Mark 14:8-9

```
L W P T J K P R D L O T
A O L R M R E N E Y R Z
I R J W E V B P N P G M
R L D P E A S O E M T N
U D A R D O C R D Y V Z
B R E C G E F H R Y N T
E H E X O U R O E W J Q
W R N B M U M U K D D J
M J O E X E L Q O L D K
N Y D Y M L X D D P G K
```

"She did what she <u>could</u>. She <u>poured</u> <u>perfume</u> on my <u>body</u> beforehand to <u>prepare</u> for my <u>burial</u>. Truly I tell you, <u>wherever</u> the <u>gospel</u> is <u>preached</u> throughout the <u>world</u>, what she has <u>done</u> will also be <u>told</u>, in <u>memory</u> of her."

COULD
POURED
PERFUME
BODY
PREPARE
BURIAL
WHEREVER

GOSPEL
PREACHED
WORLD
DONE
TOLD
MEMORY

Mark 14:61b-62

```
G L B Y P Y T S D U O L C
N P X M Y T V N K W Y J J
I L O B E N T N N T J L Y
M K W W L S D H Y B S K Y
O G D H E E S T G R O T D
C M G A N R S I S I N R K
N I T Y D M G S A E R J D
H E A V E N W J E H I T Y
D D Z H D D J B E D K R D
L T A P W Z V P Q S B P P
M N N D M M Z B L S U L Z
D Z D L Y N J J E T M S P
M Q R X B B D E Z M M Y P
```

Again the <u>high priest</u> asked him, "Are you the <u>Messiah</u>, the <u>Son</u> of the <u>Blessed</u> One?" <u>Jesus</u> said, "I am; and 'you will <u>see</u> the Son of Man <u>seated</u> at the <u>right</u> <u>hand</u> of the <u>Power</u>,' and '<u>coming</u> with the <u>clouds</u> of <u>heaven</u>.'"

HIGH	SEATED
PRIEST	RIGHT
MESSIAH	HAND
SON	POWER
BLESSED	COMING
JESUS	CLOUDS
SEE	HEAVEN

Mark 16:17-18

```
D E M O N S D T S M K V Q L
S D B W R R R E I C S M V D
E E N J I U G R I U V M N T
K L L N H A A S O K A E P S
A A K R U C L N M N L Y N D
N E T G U E O B E L I E V E
S H N L S S L Z Z L D Z M R
T A O C I N D D Y D E X N K
L U A O M Z G N N M N Y M K
S S P L B D M I A A B Z G T
T N Q J K M R N S H H J Q K
```

"These <u>miraculous</u> <u>signs</u> will accompany those who <u>believe</u>: They will <u>cast</u> out <u>demons</u> in my <u>name</u>, and they will <u>speak</u> in new <u>languages</u>. They will be able to <u>handle</u> <u>snakes</u> with safety, and if they <u>drink</u> anything <u>poisonous</u>, it won't <u>hurt</u> them. They will be able to place their <u>hands</u> on the <u>sick</u>, and they will be <u>healed</u>."

MIRACULOUS	HANDLE
SIGNS	SNAKES
BELIEVE	DRINK
CAST	POISONOUS
DEMONS	HURT
NAME	HANDS
SPEAK	SICK
LANGUAGES	HEALED

Luke 2:48b-49

```
Y X G Y G R Z T N B N X T
R T Y J M M Y M Q O G D L
G N I H C R A E S R T D E
Q J G T B D Z B M A I S Q
B M R Y D R V T E S U N Y
L O O K I N G R T O R Y R
B T D D K M G R H E V W B
B H Y L L N E Q H N J R T
D E R Z O S O T M W T B X
K R Z R S H A W B U W Y J
V D L W J F E R T B S H G
J R W D Y R R B B K P T Y
```

And his *mother* said to him, "*Son*, why have you treated us so? *Behold*, your father and I have been *searching* for you in *great* *distress*." And he said to them, "*Why* were you *looking* for me? Did you not *know* that I *must* be in my *Father's* *house*?"

MOTHER	WHY
SON	LOOKING
BEHOLD	KNOW
SEARCHING	MUST
GREAT	FATHER
DISTRESS	HOUSE

Luke 6:9-10

```
L D N A H L H N D X
A D E R O T S E R N
W M T E A T S J L Y
F Z F B R T E V I L
U I B E R S G O O D
L A T O U K A M T B
S C Y S S V L V G V
H K X A N Y Z J E X
```

Then _Jesus_ said to them, "I _ask_ you, which is _lawful_ on the _Sabbath_: to do _good_ or to do _evil_, to _save_ _life_ or to _destroy_ it?" He looked around at them all, and then said to the man, "_Stretch_ out your _hand_." He did so, and his hand was completely _restored_.

JESUS
ASK
LAWFUL
SABBATH
GOOD
EVIL

SAVE
LIFE
DESTROY
STRETCH
HAND
RESTORED

Luke 6:29-31

```
G D D Q K Y G S J B M W V
O T B M R Y Y I H Q K B T
O L X M J Y S Q V I V N K
D W Q N R T T D Y E R B B
S A W D R L R E F F O T T
Y Y W I L P N K W D V Z S
N Z K A Y O W K X R D R Z
B E X N Y S H R Z T E P T
S V S R R Y G H K H Z R R
Z D E C O A T E T B X N Y
Z V K X Z X E O B I T J W
E Z A L N H R D V J W D Q
Y D T L C R L M D X N K T
```

"If anyone <u>strikes</u> you on the <u>cheek</u>, <u>offer</u> the other also; and from anyone who <u>takes</u> <u>away</u> your <u>coat</u> do not <u>withhold</u> even your <u>shirt</u>. <u>Give</u> to <u>everyone</u> who <u>begs</u> from you; and if anyone takes away your <u>goods</u>, do not ask for them again. Do to <u>others</u> as you would have them do to you."

STRIKES

CHEEK

OFFER

TAKES

AWAY

COAT

WITHHOLD

SHIRT

GIVE

EVERYONE

BEGS

GOODS

OTHERS

Luke 6:37-38

```
D Z G P S J E V I G R O F D
J L D R R H N K W W I B Y M
Y G K E L U A M C D N V D M
L Y K S M D N K E A N P E Z
M E A S U R E N E D B X J N
T D G E M M T T I N N P Y R
J O Y D L Q Y Y N W O D N
D U G T T W K J T X G K C W
W V D E D B Q L B J Y T X D
Q V L G T D P B D O Y Y B M
R N T A E H T N O Y V N L M
R Z P T P J E D O Z W E M N
L G P B R J T R G O W X R R
P T T D R V B D D Q J L N J
```

"Do not judge, and you will not be judged; do not condemn, and you will not be condemned. Forgive, and you will be forgiven; give, and it will be given to you. A good measure, pressed down, shaken together, running over, will be put into your lap; for the measure you give will be the measure you get back."

JUDGE	DOWN
CONDEMN	SHAKEN
FORGIVE	TOGETHER
GIVEN	RUNNING
GOOD	OVER
MEASURE	LAP
PRESSED	BACK

Luke 8:16

```
G N I T H G I L R
A F T E R L A M P
U D P X S H S J G
N N J R I T B E J
D A R D E E U Y E
E T E J D T W P T
R S A Y D B N J D
P R L Q Z B R E D
```

"No one <u>after</u> <u>lighting</u> a <u>lamp</u> <u>hides</u> it <u>under</u> a <u>jar</u>, or puts it under a <u>bed</u>, but <u>puts</u> it on a lamp<u>stand</u>, so that those who <u>enter</u> may <u>see</u> the light."

AFTER
LIGHTING
LAMP
HIDES
UNDER
JAR

BED
PUTS
STAND
ENTER
SEE

Luke 9:18-20

```
M X J L S T E H P O R P K
P J N Z L E P R A Y I N G
N R G Q M K L N X B Y V R
N O B Y M J C P Y M H R Y
D R D X T I E Q I A J P X
R Y W Y E H L S I C R R B
X Y R N A B Y S U C S A L
Y L T J N N S V R S P I D
B W I J T E E O A T Y R D
M L O N M V W S I L E T N
E H L B N D W S I T O X G
N M L W S K T K E R W N T
L M L D N B D P P B A J E
```

Once when *Jesus* was *praying* *alone*, with only the *disciples* near him, he asked them, "Who do the *crowds* say that I am?" They answered, "*John* the *Baptist*; but others, *Elijah*; and still others, that one of the *ancient* *prophets* has *arisen*." He said to them, "But who do you say that I am?" *Peter* answered, "The *Messiah* of *God*."

JESUS
PRAYING
ALONE
DISCIPLES
CROWDS
JOHN
BAPTIST

ELIJAH
ANCIENT
PROPHETS
ARISEN
PETER
MESSIAH
GOD

Luke 10:18-20

```
S A U T H O R I T Y N B W
C E Z Z B X T H S E D V M
O C N Z V R U T V G N N G
R I X O E R I A N A M E S
P O Z A T R E I Y M E N E
I J D S I H N E T T I R W
O E S P E T I F N R K B L
N R S A H K L N E W Z L M
S G M G T A A W G R B Y T
Y T I D S A O N Y R K Q N
J L N H V P N M S T M V Z
```

He said to them, "I watched <u>Satan</u> fall from <u>heaven</u> like a <u>flash</u> of <u>lightning</u>. See, I have given you <u>authority</u> to <u>tread</u> on <u>snakes</u> and <u>scorpions</u>, and over all the <u>power</u> of the <u>enemy</u>; and <u>nothing</u> will <u>hurt</u> you. Nevertheless, do not <u>rejoice</u> at this, that the <u>spirits</u> submit to you, but rejoice that your <u>names</u> are <u>written</u> in heaven."

SATAN
HEAVEN
FLASH
LIGHTNING
AUTHORITY
TREAD
SNAKES
SCORPIONS

POWER
ENEMY
NOTHING
HURT
REJOICE
SPIRITS
NAMES
WRITTEN

Luke 10:36-37

```
B Y K N I H T R E
N R O B B E R S W
J E S U S Z I R S
W H I C H W N H X
M E D G E T O W H
E T E K H W K A V
R J I R E B N G M
C L K D H D O A Y
Y W B K S T N R V
```

"Which of these three, do you think, was a neighbor to the man who fell into the hands of the robbers?" He said, "The one who showed him mercy." Jesus said to him, "Go and do likewise."

WHICH

THREE

THINK

NEIGHBOR

MAN

HANDS

ROBBERS

SHOWED

MERCY

JESUS

LIKEWISE

Luke 10:41-42

```
D E N R E C N O C D
W O R R I E D J I K
S Y A B O M P S N L
T L X H A V C W T M
E N I R T O E R N N
S O Y A V R W R E Y
P J E E T O A K N D
U N R R R E A M R T
O E V T Z T D O M G
D L H W D L L X L G
```

But the Lord said to her, "My dear Martha, you are worried and upset over all these details! There is only one thing worth being concerned about. Mary has discovered it, and it will not be taken away from her."

LORD
MARTHA
WORRIED
UPSET
OVER
DETAILS
ONLY

ONE
WORTH
CONCERNED
MARY
DISCOVERED
TAKEN

Luke 11:27-28

```
R D W O R C B I R T H
E D E G D L Y R R N Y
H N O L E R E Y E B O
T D U S L H O J Z B D
O H S R T A E W N R J
M E T A S S C G D R T
D A R L U E N A M O W
Y R R S V D D J M Y B
```

As _Jesus_ was saying these things, a _woman_ in the _crowd_ _called_ out, "_Blessed_ is the _mother_ who gave you _birth_ and _nursed_ you." He replied, "Blessed _rather_ are those who _hear_ the _word_ of God and _obey_ it."

JESUS
WOMAN
CROWD
CALLED
BLESSED
MOTHER
BIRTH

NURSED
RATHER
HEAR
WORD
GOD
OBEY

Luke 11:46

```
E X P E R T S J Z
S L H F B D Y M W
N D P A I R A O X
E O T O R N E O V
D W P A E D G J L
R N C L K P L E M
U S U S E J D Y R
B T F I L H K N W
R N N J L L A W J
```

Jesus replied, "And you *experts* in the *law*, *woe* to you, because you *load* *people* *down* with *burdens* they can *hardly* *carry*, and you yourselves will not *lift* one *finger* to *help* them."

JESUS
EXPERTS
LAW
WOE
LOAD
PEOPLE
DOWN

BURDENS
HARDLY
CARRY
LIFT
FINGER
HELP

Luke 11:52

```
Y O U R S E L V E S
H L K M V O M G G R
B I L B N W D N E R
M A N E Y E I X J D
W N K D L R P M Y L
D A T W E E Y Q Z T
T N O T R R Y G J Y
Y N N T V N E E N P
K E S L Y R Z D K K
```

"*Woe* to you *experts* in the *law*, because you have *taken* away the *key* to *knowledge*. You *yourselves* have not entered, and you have *hindered* those who were *entering*."

WOE

EXPERTS

LAW

TAKEN

KEY

KNOWLEDGE

YOURSELVES

HINDERED

ENTERING

Luke 12:35-36

```
G T W W B S L S K D L
N M D S E A E A E Q Y
I M G M T R N S M P T
N W O N V N S Q N P S
R C A I I E A M U K S
U N C I R D A V C E R
B E R D T S D O R E T
D P B U T I N E A E O
O N E E T K N D W P S
O L R E D E Y G E Y P
R D T Q K K R N Y N J
```

"Be <u>dressed</u> <u>ready</u> for <u>service</u> and <u>keep</u> your <u>lamps</u> burning, like <u>servants</u> <u>waiting</u> for their <u>master</u> to <u>return</u> from a <u>wedding</u> <u>banquet</u>, so that when he <u>comes</u> and <u>knocks</u> they can immediately <u>open</u> the <u>door</u> for him."

DRESSED
READY
SERVICE
KEEP
LAMPS
BURNING
SERVANTS
WAITING

MASTER
RETURN
WEDDING
BANQUET
COMES
KNOCKS
OPEN
DOOR

Luke 15:7

```
D E Y A R T S T S J
E D R L V N Y U N N
Y M B E R D O J I P
H X A U N E J N D T
J E T S T N E P E R
W E A H R T I R Q L
R A G V Y E V S O L
D I Y Y E D H S Y M
R O D J K N T T N D
B W G R Q G J J O B
```

"In the <u>same</u> <u>way</u>, there is <u>more</u> <u>joy</u> in <u>heaven</u> over one <u>lost</u> <u>sinner</u> who <u>repents</u> and <u>returns</u> to <u>God</u> than over <u>ninety</u>-nine <u>others</u> who are <u>righteous</u> and haven't <u>strayed</u> away!"

SAME	REPENTS
WAY	RETURNS
MORE	GOD
JOY	NINETY
HEAVEN	OTHERS
LOST	RIGHTEOUS
SINNER	STRAYED

Luke 15:8-9

```
C E C I O J E R N B K Z K B
A T X W N L M D T B M L J N
R L E N A P O L I G H T V T
E S T N M S T S H Y P M B D
F Y R A O L D O E S W E E P
U S L O W J U N E S B N P W
L D C J B S R N I S N G V Q
L N M O E H T Z I F Z M Z J
Y E L D I I G L H C R A E S
B I X R R N V I Y B Y R M N
V R N E Q E S K E G Y X Z N
G F M D R T T D M N D P D J
```

"Or suppose a woman has ten silver coins and loses one. Won't she light a lamp and sweep the entire house and search carefully until she finds it? And when she finds it, she will call in her friends and neighbors and say, 'Rejoice with me because I have found my lost coin.'"

WOMAN	ENTIRE
TEN	HOUSE
SILVER	SEARCH
COINS	CAREFULLY
LOSES	FINDS
LIGHT	FRIENDS
LAMP	NEIGHBORS
SWEEP	REJOICE

Luke 15:22-24

```
S L A D N A S T B L J M X
F D R T Y V S F L C V N Q
E G I Q G O A Z E M S V W
A D N R L T F L Y E S O N
S N G I H I E M R N T M Q
T U G E N B Q V B E L D M
Y O R E R E A R E G N I F
T F S A B N T F N Z J M M
R T T Z T O L T Z L T R G
A E K S X A R N A X V L R
P N T Y C N R L K F G J M
```

"But his _father_ said to the _servants_, 'Quick! Bring the _finest_ _robe_ in the house and put it on him. Get a _ring_ for his _finger_ and _sandals_ for his _feet_. And kill the _calf_ we have been _fattening_. We must _celebrate_ with a _feast_, for this _son_ of mine was dead and has now returned to life. He was _lost_, but now he is _found_.' So the _party_ began."

FATHER	CALF
SERVANTS	FATTENING
FINEST	CELEBRATE
ROBE	FEAST
RING	SON
FINGER	LOST
SANDALS	FOUND
FEET	PARTY

Luke 17:20-21

```
D S M O D G N I K G
E E W V X K T D N Y
R E N Q K S O I Q D
E S T O D X M O E P
W I S I I O D V L B
S R M I C T R P E Y
N A Y Y G E S H Y H
A H P D S N O E E M
M P O B M L S R U J
Q G O P D W E L J Q
```

Now having been <u>questioned</u> by the Pharisees as to when the <u>kingdom</u> of God was <u>coming</u>, He <u>answered</u> them and said, "The kingdom of God is not coming with <u>signs</u> to be <u>observed</u>; nor will they say, 'Look, <u>here</u> it is!' or, 'There it is!' For <u>behold</u>, the kingdom of God is in your <u>midst</u>."

QUESTIONED	SIGNS
PHARISEES	OBSERVED
KINGDOM	LOOK
GOD	HERE
COMING	BEHOLD
ANSWERED	MIDST

Luke 18:7-8a

```
H E L P I N G Q L
Y L K C I U Q O N
J G O D D T N E L
W U K T H G S W D
I G S G N O Y E X
L O I T H A L R M
L N D C I A R D C
N E B A Y C D G D
R S Z N Y G E N D
```

"And will not God grant justice to his chosen ones who cry to him day and night? Will he delay long in helping them? I tell you, he will quickly grant justice to them."

WILL
GOD
GRANT
JUSTICE
CHOSEN
ONES
CRY

DAY
NIGHT
DELAY
LONG
HELPING
QUICKLY

Luke 18:31-33

```
D E H S I L P M O C C A
M E L A S U R E J R J R
G E N T I L E S M P Q M
I W D F L D T D R M O B
N E R I L D E O R C W M
S V K I J O P D K I Q J
U L T T T H G E N A H J
L E V A E T D G G A J T
T W S T P K E A E Y H W
E T S I N S I N K D Y W
D V N D R N J B Z B J M
```

Then he took the *twelve* aside and said to them, "See, we are going up to *Jerusalem*, and everything that is *written* about the Son of Man by the *prophets* will be *accomplished*. For he will be *handed* over to the *Gentiles*; and he will be *mocked* and *insulted* and *spat* upon. After they have *flogged* him, they will *kill* him, and on the *third* day he will *rise* *again*."

TWELVE	INSULTED
JERUSALEM	SPAT
WRITTEN	FLOGGED
PROPHETS	KILL
ACCOMPLISHED	THIRD
HANDED	RISE
GENTILES	AGAIN
MOCKED	

Luke 19:9-10

```
N S K R M T M M M
L O N M S N A Q J
J N I O T H Z E N
E E L T A O S N C
S B S R A U D O J
U K B U A V M A S
O A E C S E L A Y
H B E E G N V A Q
R B R B S E D W S
```

Then <u>Jesus</u> said to him, "<u>Today</u> <u>salvation</u> has <u>come</u> to this <u>house</u>, <u>because</u> he too is a <u>son</u> of <u>Abraham</u>. For the Son of Man came to <u>seek</u> out and to <u>save</u> the <u>lost</u>."

JESUS	SON
TODAY	ABRAHAM
SALVATION	SEEK
COME	SAVE
HOUSE	LOST
BECAUSE	

Luke 21:34

```
S S E N N E K N U R D V
D I S S I P A T I O N Z
Z K E Y H W W S T M G K
Z R A F A E U L T D L L
G D T T I D A C Y M V M
P Y C G D L A R N W O D
R H H E E R T B T Z X G
R E N Y E M Z R L S Z M
D L T S W Y O K A J Q N
Y L Y R Z K J C V P T D
```

"But watch yourselves lest your hearts be weighed down with dissipation and drunkenness and cares of this life, and that day come upon you suddenly like a trap."

WATCH
HEARTS
WEIGHED
DOWN
DISSIPATION
DRUNKENNESS

CARES
LIFE
DAY
COME
SUDDENLY
TRAP

Luke 22:67-69

```
R  T  N  T  L  D  D  W  V  T
E  M  S  L  H  E  P  B  B  Y
W  D  E  I  T  G  E  N  O  S
S  T  X  A  R  L  I  H  Y  M
N  Z  E  E  I  H  A  R  W  Y
A  S  W  E  A  N  C  N  O  W
N  O  V  S  D  O  G  L  R  L
P  E  K  K  L  J  G  Y  Z  G
```

"If you are the <u>Christ</u>, <u>tell</u> us." But he said to them, "If I tell you, you will not <u>believe</u>, and if I <u>ask</u> you, you will not <u>answer</u>. But from <u>now</u> on the <u>Son</u> of Man shall be <u>seated</u> at the <u>right</u> <u>hand</u> of the <u>power</u> of <u>God</u>."

CHRIST	SON
TELL	SEATED
BELIEVE	RIGHT
ASK	HAND
ANSWER	POWER
NOW	GOD

Luke 23:32-34a

```
C S F G V Y N H D M M P
R R X A Q R T M E V Y V
U E I K T A D V B P N R
C H V M E H I L L U K S
I T S D I G E A Q R B R
F O Y U R N C R I W M J
I T Q O S E A G R W P L
E F F L D E H L O T Z T
D E K X K T J N S Q J N
R L G Q G W K L N N R W
```

Two <u>others</u>, who were <u>criminals</u>, were led away to be put to <u>death</u> with him. And when they came to the <u>place</u> that is called The <u>Skull</u>, there they <u>crucified</u> him, and the criminals, one on his <u>right</u> and one on his <u>left</u>. And <u>Jesus</u> said, "<u>Father</u>, <u>forgive</u> them, for they <u>know</u> not what they do."

OTHERS	RIGHT
CRIMINALS	LEFT
DEATH	JESUS
PLACE	FATHER
SKULL	FORGIVE
CRUCIFIED	KNOW

Luke 23:44-46

```
Q N E L P M E T S D W J
Y J I S M E G S D N A H
R S U A R I E J E S U S
A N P H T N D N T O R N
U O T I K R T D R D D D
T O M R R R U E L T Y R
C N A V U I H C H E K B
N D Z S L T T G G M L W
A X T Z A X I Y N T G D
S T D F R L N Q W N T Z
```

By this time it was about _noon_, and _darkness_ fell across the whole land until _three_ o'clock. The _light_ from the _sun_ was gone. And suddenly, the _curtain_ in the _sanctuary_ of the _Temple_ was _torn_ down the _middle_. Then _Jesus_ shouted, "_Father_, I _entrust_ my _spirit_ into your _hands_!" And with those words he breathed his last.

NOON
DARKNESS
THREE
LIGHT
SUN
CURTAIN
SANCTUARY
TEMPLE

TORN
MIDDLE
JESUS
FATHER
ENTRUST
SPIRIT
HANDS

of Mind Bible Word Search

Luke 24:37-39

```
D T Y L K N Q F B B W D D J
E Y L P J Y E G B G E E N S
L R Y N Q E N M D N I D T K
T J N T T M J B E F L B Y L
R M D D Y M R T I H U R D R
A S D N A H H R Z O C N D Z
T L O O K G R Y D A J U N T
S M L D I E D B Y Z R J O J
L V G R T B P S O T J I Q T
L K F N J F T J S N B K S W
N L M P I R L O Q K E Y N E
R L R Z A E H E V Z K S B M
R Q M E Y G E M S Q W N N Z
X J H J G Y L S K H K L T B
```

They were <u>startled</u> and <u>terrified</u>, and thought that they were <u>seeing</u> a <u>ghost</u>. He said to them, "Why are you <u>frightened</u>, and why do <u>doubts</u> <u>arise</u> in your <u>hearts</u>? <u>Look</u> at my <u>hands</u> and my <u>feet</u>; see that it is I myself. <u>Touch</u> me and see; for a ghost does not have <u>flesh</u> and <u>bones</u> as you see that I have."

STARTLED	HEARTS
TERRIFIED	LOOK
SEEING	HANDS
GHOST	FEET
FRIGHTENED	TOUCH
DOUBTS	FLESH
ARISE	BONES

Luke 24:44

```
W R I T T E N N S Y L L
E Y M J S M S P Z F L Z
D V R K O T O E U W A L
N Y E S L K I L H P P M
Q J E R E P F L R T G J
P S R N Y I L O L S K T
M K L Z L T P N M T W G
P K X L T H H L J O Q M
R N E T E G A I R J R Y
Y D T T P S M D N L T Y
G J S M P J S N N G N X
```

Then he said to them, "These are my words that I spoke to you while I was still with you—that everything written about me in the law of Moses, the prophets, and the psalms must be fulfilled."

THESE
WORDS
SPOKE
STILL
EVERYTHING
WRITTEN

LAW
MOSES
PROPHETS
PSALMS
FULFILLED

Luke 24:46b-47

```
S E D E M I A L C O R P J
S C K D B D M Y M T S M L
E N M V N X A E L U Y Z R
N A Q E N E S E F S I N S
E T N X L S T F D R I H T
V N R A I A E T T X J D P
I E M A T R S S I M Q L L
G P H E T I Y U I R X Z R
R E Z M X N O M R R W Y M
O R T A Y L T N N E B Q B
F D N N L T Y T S X J G T
```

"*Thus it is <u>written</u>, that the <u>Messiah</u> is to <u>suffer</u> and to <u>rise</u> from the <u>dead</u> on the <u>third</u> day, and that <u>repentance</u> and <u>forgiveness</u> of <u>sins</u> is to be <u>proclaimed</u> in his <u>name</u> to all <u>nations</u>, beginning from <u>Jerusalem</u>.*"

WRITTEN
MESSIAH
SUFFER
RISE
DEAD
THIRD
REPENTANCE

FORGIVENESS
SINS
PROCLAIMED
NAME
NATIONS
JERUSALEM

Luke 24:48-49

```
W W E G M L Y S K F J G
I D R N K M E T A G R T
T X E K T N W T I T X M
N C H S D B H T S C T Q
E R L I I E D G Z B N Y
S X N O R M N P O W E R
S G H D T I O L J T P Q
E T X I H H V R J W D J
S M A T G D E N P P Z R
B P N Y G H R D M V Y L
```

"You are <u>witnesses</u> of these <u>things</u>. And see, I am <u>sending</u> upon you what my <u>Father</u> <u>promised</u>; so <u>stay</u> <u>here</u> in the <u>city</u> until you have been <u>clothed</u> with <u>power</u> from on <u>high</u>."

WITNESSES	HERE
THINGS	CITY
SENDING	CLOTHED
FATHER	POWER
PROMISED	HIGH
STAY	

of Mind Bible Word Search

John 1:50-51

```
G O P E N E D T M G Z L R
B N D E R E W S N A M G L
E E I L G F Q I Z G R V Y
L E J D I B D N R E E S W
I R T G N N M E M N B M T
E T V H E E A D E Z B G G
V Q D C I T C V W A S T P
E B S O E N A S L E G N A
G E V R G E G T A P D M L
D S O N H B W S G D P R B
```

Jesus _answered_, "Do you _believe_ because I told you that I _saw_ you under the _fig_ _tree_? You will _see_ _greater_ _things_ than these." And he said to him, "Very truly, I tell you, you will see _heaven_ _opened_ and the _angels_ of _God_ _ascending_ and _descending_ upon the _Son_ of Man."

ANSWERED
BELIEVE
SAW
FIG
TREE
SEE
GREATER
THINGS

HEAVEN
OPENED
ANGELS
GOD
ASCENDING
DESCENDING
SON

John 2:7-8

```
D D G J N J R L B M
S R D R A W L X W V
M U A R M I Q Q B V
I C S W F I L L E D
R T H E E R E T A W
B A N I J T Q B Y N
R K W O E N S Z N J
T E Y J W F G L R Z
```

Jesus said to them, "Fill the jars with water." And they filled them up to the brim. He said to them, "Now draw some out, and take it to the chief steward." So they took it.

JESUS	NOW
FILL	DRAW
JARS	TAKE
WATER	CHIEF
FILLED	STEWARD
BRIM	

John 3:5-6

```
A W Q Y T W Z V D M J B Q
N D I M K N P B R J T P T
S D V T L G L J E W W B X
W Z X W H M N S R E T N E
E Q B P R O U I P N Y Y W
R R L K D S U D E T R D Y
E W L L R R M T R B N O B
D T E L L O H U J T K G B
D B T D D Y L S I D W M N
O M R G T Y R R E A B B K
G L N L N J I K T L R B X
G I R L J P D E K R F M M
K T G R S P R P M L R D N
```

Jesus answered, "Very *truly,* I *tell* you, no one can *enter* the *kingdom* of *God* *without* *being* *born* of *water* and *Spirit.* What is born of the *flesh* is flesh, and what is born of the Spirit is spirit."

JESUS	WITHOUT
ANSWERED	BEING
TRULY	BORN
TELL	WATER
ENTER	SPIRIT
KINGDOM	FLESH
GOD	

John 3:7-8

```
D M K Y M G B Q G H N J D
W J B B D M M Y N Q E W X
T H D E S I R P R U S A R
I B E K W C N M R X L R R
R L L R K A O R T B T G J
I J L O E E N M O Q Z R D
P B D P W V X T E B K G N
S Q K E N S E P S S O X Y
J P V O N I J R L I R D P
D Q T P Y T A W N A V J L
Y V D L N B I G M N I Y L
Z V Y E G N T N A B B N Z
P N Q X D T Y V T N L Y T
```

"So don't be <u>surprised</u> when I say, 'You must be <u>born</u> again.' The <u>wind</u> <u>blows</u> <u>wherever</u> it <u>wants</u>. Just as you can <u>hear</u> the wind but can't tell where it <u>comes</u> from or where it is <u>going</u>, so you can't <u>explain</u> how <u>people</u> are born of the <u>Spirit</u>."

SURPRISED	HEAR
BORN	COMES
AGAIN	GOING
WIND	EXPLAIN
BLOWS	PEOPLE
WHEREVER	SPIRIT
WANTS	

John 3:14-15

```
S S E N R E D L I W
E W L M O S E S N L
R T H A Z T E O D L
P L S O N V S N T Y
E I L U E R T U M T
N F M I M V E K J M
T T L N K F E T J Y
N E B M I M T R E B
B D Y L M Y J X D L
```

"And <u>just</u> as <u>Moses</u> <u>lifted</u> up the <u>serpent</u> in the <u>wilderness</u>, so <u>must</u> the <u>Son</u> of Man be lifted up, that <u>whoever</u> <u>believes</u> in him may have <u>eternal</u> <u>life</u>."

JUST	SON
MOSES	WHOEVER
LIFTED	BELIEVES
SERPENT	ETERNAL
WILDERNESS	LIFE
MUST	

John 4:13-14

```
E N I A G A L I F E
N T H I R S T Y Y S
O G L E B J L G K J
Y Y U A M G E N G W
R N Y S N O I S A T
E N E I H R C T U B
V G R V D I E E M S
E P I N E R N T B K
S G B V W R R G E X
N X X K E W B J P L
```

Jesus said to her, "Everyone who drinks of this water will be thirsty again, but those who drink of the water that I will give them will never be thirsty. The water that I will give will become in them a spring of water gushing up to eternal life."

JESUS   NEVER
EVERYONE   BECOME
DRINKS   SPRING
WATER   GUSHING
THIRSTY   ETERNAL
AGAIN   LIFE
GIVE

John 4:23-24

```
G P Y T W Y D Q R J Z V T
W Y R V N D S O J T M H W
T O Z Y Z N E B G G T O Q
R I R W Y G E M M U N L V
K E R S Y L K V R X B F Q
R P U I H G S T N G A T H
H O U R P I N M W T S E J
C R X B T S P I H U R N K
U D N T V Z P E M E V J P
S M N B M X R J R O N Q D
L D J Y B M Z V B S C M T
```

"But the <u>hour</u> is <u>coming</u>, and is <u>now</u> <u>here</u>, when the <u>true</u> <u>worshipers</u> will worship the <u>Father</u> in <u>spirit</u> and <u>truth</u>, for the Father <u>seeks</u> <u>such</u> as these to worship him. <u>God</u> is spirit, and those who worship him <u>must</u> worship in spirit and truth."

HOUR

COMING

NOW

HERE

TRUE

WORSHIPERS

FATHER

SPIRIT

TRUTH

SEEKS

SUCH

GOD

MUST

John 4:35b-36

```
H G L D N U O R A M Q
A N A S R E P A E R J
R I N N E N F C T G M
V V R R B G I I N R B
E I E B E O A I L Y S
S E T F J H R W D D S
T C E E R E T A L O N
I E R L H U E E W L R
N R O T Y R I E G I K
G O A X L F R T P O M
K G Y A Y B W E N L T
```

"But I tell you, <u>look</u> <u>around</u> you, and see how the <u>fields</u> are <u>ripe</u> for <u>harvesting</u>. The <u>reaper</u> is <u>already</u> <u>receiving</u> <u>wages</u> and is <u>gathering</u> <u>fruit</u> for <u>eternal</u> <u>life</u>, so that <u>sower</u> and reaper may <u>rejoice</u> <u>together</u>."

LOOK
AROUND
FIELDS
RIPE
HARVESTING
REAPER
ALREADY
RECEIVING

WAGES
GATHERING
FRUIT
ETERNAL
LIFE
SOWER
REJOICE
TOGETHER

John 5:8-9a

```
T O O K W M A N
S U S E J W Q P
K E L O N D M B
L L K A N A Y Y
A L G A D C M R
W E T E T A E T
B S W D T D J T
```

Jesus said to him, "_Stand_ up, _take_ your _mat_ and _walk_." At _once_ the _man_ was _made_ _well_, and he _took_ up his mat and _began_ to walk."

JESUS
STAND
TAKE
MAT
WALK
ONCE

MAN
MADE
WELL
TOOK
BEGAN

John 5:19

```
R E S E E S T L G
E J S Z D E R N R
H T U I L X I E O
T R S L W H V N L
A U E Y T E L R D
F L J O T Y K O R
O Y N A Y Y I I B
B W H K M N O S L
N W N M G J D R W
```

Jesus said to them, "Very truly, I tell you, the Son can do nothing on his own, but only what he sees the Father doing; for whatever the Father does, the Son does likewise."

JESUS	ONLY
TRULY	SEES
TELL	FATHER
SON	DOING
NOTHING	WHATEVER
OWN	LIKEWISE

John 5:20-21

```
R R M M Y K M G W W K
A S T O N I S H E D T
I R R F S D O Q W N B
S W E H A M E O S O N
E E O T E T R A S J L
S W V V A K H E D W Z
S Y E O S E V E F I L
Y R V M L I R Y R L P
B N N Y G Z L G M T R
```

"The <u>Father</u> <u>loves</u> the <u>Son</u> and <u>shows</u> him all that he himself is doing; and he will show him <u>greater</u> <u>works</u> than these, so that you will be <u>astonished</u>. Indeed, just as the Father <u>raises</u> the <u>dead</u> and <u>gives</u> them <u>life</u>, so also the Son gives life to <u>whomever</u> he wishes."

FATHER	ASTONISHED
LOVES	RAISES
SON	DEAD
SHOWS	GIVES
GREATER	LIFE
WORKS	WHOMEVER

John 5:24-25

```
S H T G D Z P E C I O V
E E N Q N A G J K D J M
V A E N S N U N E N M G
E R S S I D N A B T J K
I S E M G E T E R N A L
L D O M W H L U H O U R
E C E O Y I L L T D T G
B N R F F Y Q Z N M K Z
T D V E I N Y L X K W Y
M G T R N L J Y T Y Q D
```

"Very <u>truly</u>, I tell you, anyone who <u>hears</u> my <u>word</u> and <u>believes</u> him who <u>sent</u> me has <u>eternal</u> <u>life</u>, and does not come under <u>judgment</u>, but has <u>passed</u> from <u>death</u> to <u>life</u>. Very truly, I tell you, the <u>hour</u> is <u>coming</u>, and is now here, when the dead will hear the <u>voice</u> of the Son of God, and those who hear will live."

TRULY
HEARS
WORD
BELIEVES
SENT
ETERNAL
LIFE

JUDGMENT
PASSED
DEATH
LIFE
HOUR
COMING
VOICE

John 5:36-37a

```
Y C Z R B Y Y T N E S Z D
N O N D Q N F M L V R J J
O M G T B X I D D B P B Z
M P N R Z K T G I V E N V
I L X R E B S R S P J E M
T E Y T Z A E R G K R N N
S T W L W H T N N Y R H L
E E T X T L I E J N O O J
T Q J A K O T Q R J X K W
N N F R D Y B G W T N K P
```

"But I have a <u>testimony</u> <u>greater</u> than <u>John</u>'s. The <u>works</u> that the <u>Father</u> has <u>given</u> me to <u>complete</u>, the <u>very</u> works that I am <u>doing</u>, <u>testify</u> on my behalf that the Father has <u>sent</u> me. And the Father who sent me has himself testified on my behalf."

TESTIMONY

GREATER

JOHN

WORKS

FATHER

GIVEN

COMPLETE

VERY

DOING

TESTIFY

SENT

John 6:12-13

```
N Y K Q D B T D L D M Z Y Y
O B L N S E L P I C S I D L
T L A O F X I G F I L L E D
H Y G R A R O F A L E F T J
I E W R L V A D S T N X B J
N V M V E E E G T I H B Y L
G L B R L J Y S M P T E L K
J E V I F L L Z M E S A R Y
W W V Y D O B E W T N T S G
G T Y K S D A B E W Y T W T
V W L T Y T B K R Q R T S Z
Q W M X E R S M B Q Y D Y Q
N B M N M A Z Q R W N V X Q
J N G L B R N K K L J Y L T
```

When they were _satisfied_, he told his _disciples_, "_Gather_ up the _fragments_ _left_ _over_, so that _nothing_ may be _lost_." So they gathered them up, and from the fragments of the _five_ _barley_ _loaves_, left by those who had _eaten_, they _filled_ _twelve_ _baskets_.

SATISFIED	FIVE
DISCIPLES	BARLEY
GATHER	LOAVES
FRAGMENTS	EATEN
LEFT	FILLED
OVER	TWELVE
NOTHING	BASKETS
LOST	

John 6:26-27

```
S S E H S I R E P T J
E D G W F W L S E A L
R R E I O O N T B V B
U L L R O R E O L G M
D L I K E R K O S Z N
N Q I F N W A U G K D
E N O A E V S I G N S
G O L N E E V N X Y N
D G T S J E J P A W N
```

Jesus *answered* them, "Very truly, I tell you, you are *looking* for me, not because you saw *signs*, but because you ate your *fill* of the *loaves*. Do not *work* for the *food* that *perishes*, but for the food that *endures* for *eternal* *life*, which the *Son* of Man will *give* you. For it is on him that God the Father has set his *seal*."

JESUS	PERISHES
ANSWERED	ENDURES
LOOKING	ETERNAL
SIGNS	LIFE
FILL	SON
LOAVES	GIVE
WORK	SEAL
FOOD	

John 6:32-33

```
N D O W N J L I F E
E R Z J E D L R O W
V J E S N S X D D X
A M U H E L A L Z R
E S G S T E T E T T
H O O R R A V B R M
D M U B J A F B D M
T E B L G G K K Q R
```

Then _Jesus_ said to them, "Very truly, I tell you, it was not _Moses_ who _gave_ you the _bread_ from _heaven_, but it is my _Father_ who gives you the _true_ bread from heaven. For the bread of _God_ is that which comes _down_ from heaven and gives _life_ to the _world_."

JESUS
MOSES
GAVE
BREAD
HEAVEN
FATHER

TRUE
GOD
DOWN
LIFE
WORLD

John 6:37-39

```
G X W K L M W N Z K J Q T Q
N N L W T X Z T W W D Y Y J
I C T G Q N B T W Y S A R G
H Q O W N D R I V E W E Y P
T D L M G I L X N A W X N T
Y S H O E L H L L D T G S T
R E E E S J T F K M A J M
E V Y S A E J Y O A L P N R
V I Z N I V M N N T E Q Q
E G W G J A E Q D X V H P L
B O Q D J J R N M E V D E T
D L T L P Y T Z R K V N D R
```

"Everything that the Father gives me will come to me, and anyone who comes to me I will never drive away; for I have come down from heaven, not to do my own will, but the will of him who sent me. And this is the will of him who sent me, that I should lose nothing of all that he has given me, but raise it up on the last day."

EVERYTHING	HEAVEN
FATHER	WILL
GIVES	SENT
COME	LOSE
NEVER	NOTHING
DRIVE	RAISE
AWAY	LAST
DOWN	DAY

John 6:45-46

```
E V E R Y O N E M V
D E N R A E L D N D
W D N Z K W F S O C
R R K Y D A T G O L
I A T J T E S M R T
T E R H H L E E P N
T H E P G S T E E F
E R O G N U C B R N
N R Q G Q X A O M G
P N Q K E X M T D Y
```

"It is <u>written</u> in the <u>prophets</u>, 'And they shall all be <u>taught</u> by <u>God</u>.' <u>Everyone</u> who has <u>heard</u> and <u>learned</u> from the <u>Father</u> <u>comes</u> to me. Not that anyone has <u>seen</u> the Father <u>except</u> the one who is <u>from</u> God; he has seen the Father."

WRITTEN	LEARNED
PROPHETS	FATHER
TAUGHT	COMES
GOD	SEEN
EVERYONE	EXCEPT
HEARD	FROM

John 8:12

```
T B G Y J Z J W Y Y Y D G
T J T D Q M A D S N T N D
A N G M R L G W R U D Q T
G J T Y K D O W S A S H J
A X M J W L H P R L G E M
I E L J L O O K D I Z R J
N V Y O E K N L L J D W J
M A F V E E R Z N I T B W
J H E K S O Z Y K E F X X
V R W S W K G M Q V V E T
Z Q T R Q J W Y D J D E T
V D J D N K Z Z J W G J R
```

Again Jesus spoke to them, saying, "I am the light of the world. Whoever follows me will never walk in darkness but will have the light of life."

AGAIN	FOLLOWS
JESUS	NEVER
SPOKE	WALK
LIGHT	DARKNESS
WORLD	HAVE
WHOEVER	LIFE

John 8:31-32

```
K B V R T T R B D Q W
N F E C O N T I N U E
O R M L S Q S S T B B
W E W U I C W R R D T
L E S X I E U P H J N
Y E N P J L V T N K Z
J B L G Y K U E K A M
G E V W O R D N D T R
S Q Y M T K L Q G M R
```

Then _Jesus_ said to the _Jews_ who had _believed_ in him, "If you _continue_ in my _word_, you are _truly_ my _disciples_; and you will _know_ the _truth_, and the truth will _make_ you _free_."

JESUS   DISCIPLES
JEWS   KNOW
BELIEVED   TRUTH
CONTINUE   MAKE
WORD   FREE
TRULY

John 8:49-51

```
F L E S Y M Z J P J Y Z L
L E S L J P Y O X V R M R
Z G N E D L S R R O N O H
M D S G E S D E O Z B Z Y
D U P P E K V W F L D Q B
S J D S O E I A Y E G B L
D D S B O R T N M W O R D
Q E E H E H W O G D L N X
D Y W V E B N D E A T H P
S M E R G B R N J P B N M
Y N T Q L D V D L B K Y J
```

"I am not possessed by a demon," said Jesus, "but I honor my Father and you dishonor me. I am not seeking glory for myself; but there is one who seeks it, and he is the judge. Very truly I tell you, whoever obeys my word will never see death."

POSSESSED   MYSELF
DEMON   JUDGE
JESUS   WHOEVER
HONOR   OBEYS
FATHER   WORD
SEEKING   NEVER
GLORY   DEATH

John 8:54-56

```
R X Y F A T H E R Y Z
G E Y F L D D W M Y Z
N K J Z I A R A M D D
I N P O L R H O X L V
H O R G I A O X W V Y
T W Q A R C P L D T X
O N Y B I E E O G M K
N P A A E L G D E E S
Y N G K D P Y D N T D
```

Jesus answered, "If I _glorify_ myself, my glory is _nothing_. It is my _Father_ who glorifies me, of whom you say, 'He is our _God_.' But you have not _known_ him. I know him. If I were to say that I do not know him, I would be a _liar_ like you, but I do know him and I _keep_ his _word_. Your father _Abraham_ _rejoiced_ that he would _see_ my _day_. He saw it and was _glad_."

GLORIFY
NOTHING
FATHER
GOD
KNOWN
LIAR
KEEP

WORD
ABRAHAM
REJOICED
SEE
DAY
GLAD

John 9:3-5

```
P R W Q A D G V M Z K N
T M Y Q R N L O M A I P
D E Y A L P S I D G N G
W P M L D A N W H V N K
Q O O B Y R D T E I T S
J N R Z P E G R M R I R
G Y W L J N S O X N E L
G J J T D T C K N Y I D
S U S E J S T E R G A B
Z D N Q W N D B H O D D
X Z Z T E T M T J T W T
T Z K S R X N Z W Q K Z
```

Jesus answered, "It was not that this man sinned, or his parents, but that the works of God might be displayed in him. We must work the works of him who sent me while it is day; night is coming, when no one can work. As long as I am in the world, I am the light of the world."

JESUS	SENT
ANSWERED	DAY
MAN	NIGHT
SINNED	COMING
PARENTS	LONG
WORKS	WORLD
GOD	LIGHT
DISPLAYED	

John 9:39-41

```
J U D G M E N T D R A E H
A N Q E M O C S P Q D T V
S I V Y B I R H U D M D K
K S R M Y L A E L S Y J Y
E R B V X R I L M N E W D
D Z Y M I D Y N C A Q J B
B L P S L T Y W D V I M L
D N E R L Q X P Q N N N N
M E O I K S J N N L M L S
S W U Y E R J W J K T Y K
W G T E L Q P Y Z L J K T
```

Jesus said, "For judgment I have come into this world, so that the blind will see and those who see will become blind." Some Pharisees who were with him heard him say this and asked, "What? Are we blind too?" Jesus said, "If you were blind, you would not be guilty of sin; but now that you claim you can see, your guilt remains."

JESUS	HEARD
JUDGMENT	ASKED
COME	GUILTY
WORLD	SIN
BLIND	CLAIM
SEE	REMAINS
PHARISEES	

John 10:1-4

```
S H E P H E R D P G Y
K N S M G E D H A W Y
R E T B B L A T L Z Z
S P E B M R E N T E R
H T O P I I W A L L Q
E R H S E O L I D V W
E N E I L R S C O S N
P E A L E T Y I L B P
S L O M E F C G V V R
T F W N E E B T L T L
```

"Very truly I tell you <u>Pharisees</u>, anyone who does not <u>enter</u> the <u>sheep</u> <u>pen</u> by the <u>gate</u>, but <u>climbs</u> in by some other way, is a <u>thief</u> and a <u>robber</u>. The one who enters by the gate is the <u>shepherd</u> of the sheep. The gate<u>keeper</u> opens the gate for him, and the sheep <u>listen</u> to his <u>voice</u>. He calls his own sheep by <u>name</u> and <u>leads</u> them out. When he has brought out all his own, he goes on ahead of them, and his sheep <u>follow</u> him because they know his voice."

PHARISEES
ENTER
SHEEP
PEN
GATE
CLIMBS
THIEF
ROBBER

SHEPHERD
KEEPER
LISTEN
VOICE
NAME
LEADS
FOLLOW

John 10:7-10

```
Y B T Q N M T L Q T M M Y J
L A S A V E D B L G Q O Y Q
T N T W L V P E R I R M L P
N D M P D J K X T T K Y W T
A I T B V E M X S A P T H D
D T Y Z J T R E S T G I X Z
N S P D R M D U G T E R Q R
U J L U N Q W Q T V E T N R
B S L R P H G R E S M A Y P
A Y R D O E R S M X A P L B
J B Q E Z D E Y R L Y P J W
J Z V M T L N H I Q V M K Q
J E P L D N N F S T J Q Q V
R D M W K M E N K L J T D X
```

So again Jesus said to them, "Very _truly_, I tell you, I am the _gate_ for the _sheep_. All who came before me are _thieves_ and _bandits_; but the sheep did not listen to them. I am the gate. _Whoever_ _enters_ by me will be _saved_, and will come in and go out and find _pasture_. The thief comes only to _steal_ and _kill_ and _destroy_. I came that they may have _life_, and have it _abundantly_."

TRULY	SAVED
GATE	PASTURE
SHEEP	STEAL
THIEVES	KILL
BANDITS	DESTROY
WHOEVER	LIFE
ENTERS	ABUNDANTLY

John 10:14-16

```
Z Y J G N I R B F D N R K
S B R F T L P T K L O Y M
K H O X A R V P T G O O Z
Z L E Y D O Y M D B K C G
D Y Z E I D K R J T Q Y K
R D Z C P N E N W R D N L
O R E T O H N R N K B J D
T S O W P N E L I S T E N
P W L E V H E F I L Y P L
N T H A T W P Q R T Y P B
Q S N A G Z M Y Y B Q W N
J X F Z N R Q T R N N M B
```

"I am the good shepherd. I know my own and my own know me, just as the Father knows me and I know the Father; and I lay down my life for the sheep. And I have other sheep that are not of this fold. I must bring them also, and they will listen to my voice. So there will be one flock, one shepherd."

GOOD	SHEEP
SHEPHERD	FOLD
OWN	BRING
KNOW	ALSO
FATHER	LISTEN
LAY	VOICE
LIFE	FLOCK

John 10:17-18

```
A C C O R D B T B
X R P O W E R D D
C D E L R N K Q L
L O A C I D F A N
O Y M A E A E O T
V L G M T I S R D
E A I H A A V O J
S Z E F E N W E Y
N R J R E N D W D
```

"For this <u>reason</u> the <u>Father</u> <u>loves</u> me, because I <u>lay</u> <u>down</u> my <u>life</u> in <u>order</u> to <u>take</u> it up <u>again</u>. No one takes it from me, but I lay it down of my own <u>accord</u>. I have <u>power</u> to lay it down, and I have power to take it up again. I have <u>received</u> this <u>command</u> from my Father."

REASON
FATHER
LOVES
LAY
DOWN
LIFE
ORDER

TAKE
AGAIN
ACCORD
POWER
RECEIVED
COMMAND

John 10:27-30

```
E P N J N P Y L I F E
T E D F E E U L F V J
E R J E A F V O I C E
R I H L R T L E H M M
N S G E I L H C R N D
A H W I O S T E J Q Y
L O O W V A T O R V L
P J N P N E N E Y B L
M T K S Q E N B N K T
```

"My sheep listen to my voice; I know them, and they follow me. I give them eternal life, and they will never perish. No one can snatch them away from me, for my Father has given them to me, and he is more powerful than anyone else. No one can snatch them from the Father's hand. The Father and I are one."

SHEEP	NEVER
LISTEN	PERISH
VOICE	SNATCH
KNOW	FATHER
FOLLOW	GIVEN
ETERNAL	POWERFUL
LIFE	ONE

John 10:36b-38

```
B E M I R A C U L O U S
L B V B K D L W P V T N
A E L I O R O P C N J D
S L R G D R O A K N O W
P I A E L E R W D M Z Z
H E P D H R N T N E S G
E V A N Y T T C Z R N K
M E R M O E A J E T D Z
Y K T T S S L F N X T J
```

"Why do you call it <u>blasphemy</u> when I say, 'I am the <u>Son</u> of <u>God</u>'? After all, the <u>Father set</u> me <u>apart</u> and <u>sent</u> me into the <u>world</u>. Don't <u>believe</u> me unless I <u>carry</u> out my Father's <u>work</u>. But if I do his work, believe in the <u>evidence</u> of the <u>miraculous</u> works I have done, even if you don't believe me. Then you will <u>know</u> and understand that the Father is in me, and I am in the Father."

BLASPHEMY
SON
GOD
FATHER
SET
APART
SENT

WORLD
BELIEVE
CARRY
WORK
EVIDENCE
MIRACULOUS
KNOW

John 11:3-4

```
J D O G B L D D R T P N
R E R B D O R H E A R D
S B S E Q R T M J Y Q X
J I A U M D E E S I C K
R T S M S S V J S L R R
H B B T S I G P A E L M
D M J A E L D Z Q Y N Y
J N G C O R A N P M T T
D E E R V R S Q O X J P
G R Y I U R K Y N S T R
Q R T S R M V J J T J K
W B M B Q F G M Q R D T
```

So the two <u>sisters</u> <u>sent</u> a <u>message</u> to <u>Jesus</u> telling him, "<u>Lord</u>, your dear <u>friend</u> is very <u>sick</u>." But when Jesus <u>heard</u> about it he said, "<u>Lazarus</u>'s sickness will not end in <u>death</u>. No, it happened for the <u>glory</u> of <u>God</u> so that the <u>Son</u> of God will <u>receive</u> glory from this."

SISTERS	HEARD
SENT	LAZARUS
MESSAGE	DEATH
JESUS	GLORY
LORD	GOD
FRIEND	SON
SICK	RECEIVE

John 11:9-10

```
E S T H G I N Q G K
V W A L K B P N R X
L D K F S R I T B L
E P A R E L P O E P
W S U N B L T D D D
T O U M G H Y L P N
H L U S G E R Q Y V
Q T E I E O R A J T
S E L L W J D L D B
```

Jesus replied, "There are twelve hours of daylight every day. During the day people can walk safely. They can see because they have the light of this world. But at night there is danger of stumbling because they have no light."

JESUS
TWELVE
HOURS
DAY
PEOPLE
WALK
SAFELY

SEE
LIGHT
WORLD
NIGHT
DANGER
STUMBLING

John 11:25-27

```
N O I T C E R R U S E R
E E H C O M I N G D D Y
E V V A G L L R I G Y Y
G V E E I O J E Y S W G
L E I R I S D Z U N N V
O S F L Y L S S Y T B P
R O Z I R O E E D M L X
D N B O L J N B M V D B
T W W G R P R E M P M V
```

Jesus said to her, "I am the resurrection and the life. Those who believe in me, even though they die, will live, and everyone who lives and believes in me will never die. Do you believe this?" She said to him, "Yes, Lord, I believe that you are the Messiah, the Son of God, the one coming into the world."

JESUS
RESURRECTION
LIFE
BELIEVE
DIE
LIVE
EVERYONE

LORD
MESSIAH
SON
GOD
COMING
WORLD

John 12:25-26

```
L S K V F O L L O W P B
A E Q J M Y Y R M E F P
N V W L P M M V E A Q W
R R O R O G Z K T L L R
E E R D S D H I K O B
T S L E H M E F V N B N
E D D A V R E E O W Q X
J R T B M O R H R J L Q
K E V Z W N L Y P E Y L
R M G M Z R Q P N Z H M
D B K T V Y B N W Q Y T
```

"Those who <u>love</u> their <u>life</u> <u>lose</u> it, and those who <u>hate</u> their life in this <u>world</u> will <u>keep</u> it for <u>eternal</u> life. Whoever <u>serves</u> me must <u>follow</u> me, and where I am, <u>there</u> will my servant be also. Whoever serves me, the <u>Father</u> will <u>honor</u>."

LOVE
LIFE
LOSE
HATE
WORLD
KEEP

ETERNAL
SERVES
FOLLOW
THERE
FATHER
HONOR

John 13:14-17

```
T L S B M D L E Y M T
E G G T R A L F E E T
A R S O N P S S N B T
C E L E M A S T L Z D
H A J A N E V E E D P
E T X Y N T S R E R R
R E B G H S E H E W J
W R E G E N S L O S L
Y R U D O A J N B G M
S O N D W M K K P V L
```

"So if I, your _Lord_ and _Teacher_, have _washed_ your _feet_, you also _ought_ to wash one another's feet. For I have set you an _example_, that you also should do as I have _done_ to you. Very truly, I tell you, _servants_ are not _greater_ than their _master_, nor are _messengers_ _greater_ than the one who _sent_ them. If you _know_ these things, you are _blessed_ if you do them."

LORD
TEACHER
WASHED
FEET
OUGHT
EXAMPLE
DONE

SERVANTS
GREATER
MASTER
MESSENGERS
SENT
KNOW
BLESSED

John 13:34-35

```
E L P O E P Z Y V R C
T B S T D V W N N O D
K Y N E D Q Z Z M B Y
L Z K W L M J M Q K Q
E O E A R P A L L J R
K N V L N N I J N Y Z
R N O E D O X C L D N
P D E M P R T W S L B
W M E V N J O H V I A
G N B D I N W M E L D
T J B Y K G Y N D R J
```

"A <u>new</u> <u>commandment</u> I <u>give</u> to you, that you <u>love</u> <u>one</u> <u>another</u>: just as I have loved you, you also are to love one another. By this <u>all</u> <u>people</u> will <u>know</u> that you are my <u>disciples</u>, if you have love for one another."

NEW	ANOTHER
COMMANDMENT	ALL
GIVE	PEOPLE
LOVE	KNOW
ONE	DISCIPLES

John 14:1-3

```
T R B E L I E V E
R O E P T P F E P
O O M M L A R K D
U M O A T A K S K
B S C H P Y T E A
L E E O R N G J
E R R D A U A A M
D P D E O I S B M
P D H K N G B E L
```

"Let not your <u>hearts</u> be <u>troubled</u>. <u>Believe</u> in <u>God</u>; believe also in me. In my <u>Father's</u> <u>house</u> are <u>many</u> <u>rooms</u>. If it were not so, would I have told you that I go to <u>prepare</u> a <u>place</u> for you? And if I go and prepare a place for you, I will <u>come</u> <u>again</u> and will <u>take</u> you to myself, that where I am you may be also."

HEARTS	ROOMS
TROUBLED	PREPARE
BELIEVE	PLACE
GOD	COME
FATHER	AGAIN
HOUSE	TAKE
MANY	

John 14:6-7

```
H S E K N O W N
T G E X E F I L
J R U E C Z D F
C E U O N E A W
L O S T R T P Y
Q M M U H H A T
G D V E S W T D
L D R V S T W V
```

Jesus said to him, "I am the way, and the truth, and the life. No one comes to the Father except through me. If you had known me, you would have known my Father also. From now on you do know him and have seen him."

JESUS
WAY
TRUTH
LIFE
COMES

FATHER
EXCEPT
THROUGH
KNOWN
SEEN

John 14:25-27

```
H A W K L J X N R T M X R M
E D F O T R D D Q G E V R J
A D T R R Z B T D B D A D N
R K Q K A L Y K X E X E C B
T J T E X I D B M Q L M Z H
S N T L T R D A R B K Y B W
L R D R B A N T U L Q D R B
P E A C E X C O R J E E Z G
S P I R I T R O R E M A D K
Y E N R K T Y K V I H X V G
L Z V J Z D V X N D J T T E
O Z Q I V D R D B L A Q A K
H Q Q Q G G V Q P R G B L F
```

"All this I have spoken while still with you. But the <u>Advocate</u>, the <u>Holy</u> <u>Spirit</u>, whom the <u>Father</u> will send in my <u>name</u>, will <u>teach</u> you all things and will <u>remind</u> you of everything I have said to you. <u>Peace</u> I <u>leave</u> with you; my peace I <u>give</u> you. I do not give to you as the <u>world</u> gives. Do not let your <u>hearts</u> be <u>troubled</u> and do not be <u>afraid</u>."

ADVOCATE	PEACE
HOLY	LEAVE
SPIRIT	GIVE
FATHER	WORLD
NAME	HEARTS
TEACH	TROUBLED
REMIND	AFRAID

John 15:1-4

```
C V I N E G R O W E R Q
L H L S V J F S R A E B
E X C I E A T N Q Y M G
A S N N T N E F R U I T
N E S H A K U A Y M T Y
S E E E O R B R D K B M
E R U P L I B R P D B D
D L S R D N O T Y N J N
M L R E T W U J N T B Y
```

"I am the *true* *vine*, and my *Father* is the *vinegrower*. He removes every *branch* in me that *bears* no *fruit*. Every branch that bears fruit he *prunes* to make it bear more fruit. You have already been *cleansed* by the *word* that I have *spoken* to you. Abide in me as I *abide* in you. Just as the branch cannot bear fruit by itself *unless* it abides in the vine, neither can you unless you abide in me."

TRUE	PRUNES
VINE	CLEANSED
FATHER	WORD
VINEGROWER	SPOKEN
BRANCH	ABIDE
BEARS	UNLESS
FRUIT	

John 15:10-13

```
X M Y D O B F N Q H Z J
L P L T M R I R C N P G
V P H Y I A E A M J K T
M E E E M H E C R C M X
R G N E T T O E O J O Y
N D R A K M T M V Y J D
S Z F D M A P D A O Z K
R M R A E L K L O Q L G
V M N R E I R M T W R D
D D G T X F R T J D N X
S Y E G N E Z G N Y N M
```

"If you <u>keep</u> my <u>commands</u>, you will <u>remain</u> in my <u>love</u>, just as I have kept my <u>Father</u>'s commands and remain in his love. I have told you this so that my <u>joy</u> may be in you and that your joy may be <u>complete</u>. My command is this: Love <u>each</u> <u>other</u> as I have loved you. <u>Greater</u> love has no one than this: to <u>lay</u> <u>down</u> one's <u>life</u> for one's <u>friends</u>."

KEEP	EACH
COMMANDS	OTHER
REMAIN	GREATER
LOVE	LAY
FATHER	DOWN
JOY	LIFE
COMPLETE	FRIENDS

John 17:1b-3

```
L T M H N S T Z A Y R
A S G O O N E U B R W
N I S R Y U T N Y J Y
R R L N E H R F T D K
E H V I O H I W O N K
T C E R F R T Y L J B
E Y I U O E L A G Z Z
R T P L R N R O F V B
Y M G R O T D L L N L
```

"*Father*, the *hour* has come; *glorify* your *Son* so that the Son may glorify you, since you have given him *authority* over all people, to give *eternal* *life* to all whom you have given him. And this is eternal life, that they may *know* you, the *only* *true* *God*, and Jesus *Christ* whom you have *sent*."

FATHER
HOUR
GLORIFY
SON
AUTHORITY
ETERNAL
LIFE

KNOW
ONLY
TRUE
GOD
CHRIST
SENT

John 18:37

```
E N S L J H T Y M N R
Z N T G T E F N L W M
P Y O U N I S I M J W
D I R Y T O S U E Q K
L T L S R T L C S G D
R B E A E E I E K P J
O T O N T O V I B T L
W Y S R V E N E M A C
M P X R N G Q D B T P
```

*Pilate asked him, "So you are a king?"
Jesus answered, "You say that I am a
king. For this I was born, and for this I
came into the world, to testify to the
truth. Everyone who belongs to the truth
listens to my voice."*

PILATE   TESTIFY
KING   TRUTH
JESUS   EVERYONE
BORN   BELONGS
CAME   LISTENS
WORLD   VOICE

John 19:28, 30

```
S D E V I E C E R F
C F Z K T D T R U Y
R D I K N I A L D V
I Y M N R O F E L N
P Y T I I I W K H D
T J P S L S N I E Q
U S E L R I H W N E
R K E S R I O E V G
E D J D U B H A D D
R B J Z Y S G T L Z
```

Later, _knowing_ that everything had now been finished, and so that _Scripture_ would be _fulfilled_, _Jesus_ said, "I am _thirsty_." . . . When he had _received_ the _drink_, Jesus said, "It is _finished_." With that, he _bowed_ his _head_ and _gave_ up his _spirit_.

KNOWING	DRINK
SCRIPTURE	FINISHED
FULFILLED	BOWED
JESUS	HEAD
THIRSTY	GAVE
RECEIVED	SPIRIT

John 20:26b-29

```
D R O L T R D G R B
S B E L I E V E W Y
U A D B S S P T N J
S Y M S T E S E E N
E G E O A H A N D S
J L O C H T B U O D
B D E D N T S I D E
```

Although the doors were shut, <u>Jesus</u> came and <u>stood</u> among them and said, "<u>Peace</u> be with you." Then he said to <u>Thomas</u>, "Put your finger here and see my <u>hands</u>. Reach out your hand and put it in my <u>side</u>. Do not <u>doubt</u> but believe." Thomas answered him, "My <u>Lord</u> and my <u>God</u>!" Jesus said to him, "Have you believed because you have seen me? <u>Blessed</u> are those who have not <u>seen</u> and yet have come to <u>believe</u>."

JESUS	DOUBT
STOOD	LORD
PEACE	GOD
THOMAS	BLESSED
HANDS	SEEN
SIDE	BELIEVE

John 21:5-6

```
C F L U A H S Q N
A I N R N D Q W K
L S E U N J O E T
L H D E M R L H J
E R I T H B G R E
D R S T A I E G L
F T Y N R O R R M
D E U Q J A B Z P
J N G J L L B M N
```

He <u>called</u> out to them, "<u>Friends</u>, haven't you any <u>fish</u>?" "No," they answered. He said, "<u>Throw</u> your <u>net</u> on the <u>right</u> <u>side</u> of the <u>boat</u> and you will find some." When they did, they were <u>unable</u> to <u>haul</u> the net in because of the <u>large</u> <u>number</u> of fish.

CALLED	SIDE
FRIENDS	BOAT
FISH	UNABLE
THROW	HAUL
NET	LARGE
RIGHT	NUMBER

Acts 1:7-8

```
Y S E M I T R P T S L Q
R T X P O W E R E L D T
E L I J E R U S A L E M
C A B R I H S L A W V D
E P R O O E O I D T J Q
I J D T N H R L I K M L
V S U T H A T R Y S G M
E L I D M V I U E J B M
Q W Q A E P X T A M N M
J N S N S A R T J M D B
```

He replied, "It is not for you to know the _times_ or _periods_ that the Father has _set_ by his own _authority_. But you will _receive_ _power_ when the _Holy_ _Spirit_ has come upon you; and you will be my _witnesses_ in _Jerusalem_, in all _Judea_ and _Samaria_, and to the ends of the _earth_."

TIMES
PERIODS
SET
AUTHORITY
RECEIVE
POWER
HOLY

SPIRIT
WITNESSES
JERUSALEM
JUDEA
SAMARIA
EARTH

Acts 26:17b-18

```
D L G S A N C T I F I E D
X Y W B R W D T M N M D L
F O R G I V E N E S S J K
S S E N K R A D S R Y D J
T H G I L X Z E E L M N J
N E F Z M R N C J M V N G
A Y R A S D E E J W N R Q
T E T N I I Q W P G D N Q
A S I N V T R N O O V Y L
S S G E Y T H D K P M K R
```

"I am __sending__ you to them to __open__ their __eyes__ and turn them from __darkness__ to __light__, and from the __power__ of Satan to __God__, so that they may __receive__ __forgiveness__ of __sins__ and a place among those who are __sanctified__ by __faith__ in me."

SENDING	GOD
OPEN	RECEIVE
EYES	FORGIVENESS
DARKNESS	SINS
LIGHT	SANCTIFIED
POWER	FAITH
SATAN	

1 Corinthians 11:23b-25

```
M P G T M Y C R T X N N T
R R D D M L E U R G R Y N
C K R G A P K T P T W D W
O N L E P E S T Y Q E M R
V I W U M U R P T Y Q R Z
E R S D S E D B A J W Y L
N D N E R J M R D O O L B
A V J Q Q O T B T J D M L
N B R O K E L B R P B G Y
T G L P B J T V N B A N T P
M Z N Y Z N T O D N N B R
W X Q Q P M D J M N D C L
W T T Z L Y V B N L B B E
```

The <u>Lord</u> <u>Jesus</u> on the night when he was <u>betrayed</u> took a loaf of <u>bread</u>, and when he had given thanks, he <u>broke</u> it and said, "This is my <u>body</u> that is for you. Do this in <u>remembrance</u> of me." In the same way he took the <u>cup</u> also, after <u>supper</u>, saying, "This cup is the new <u>covenant</u> in my <u>blood</u>. Do this, as often as you <u>drink</u> it, in remembrance of me."

LORD	REMEMBRANCE
JESUS	CUP
BETRAYED	SUPPER
BREAD	COVENANT
BROKE	BLOOD
BODY	DRINK

Revelation 2:7

```
V N R A E H F R U I T P
I E F I L Y M L Y T R U
C T L P B M N N R Q N Q
T S C D A Q G Y D D R A
O I T H M R T E E Y N M
R L B T U S A R E Y R T
I L T G R R S D O R T L
O B P A L T C N I I T R
U D E R A X E H R S W J
S P T N Z V Y I E J E Y
T D D N Q Z P J W S Z W
W Z Z D Y S D Y B R T N
```

"<u>Anyone</u> with <u>ears</u> to <u>hear</u> must <u>listen</u> to the <u>Spirit</u> and <u>understand</u> what he is saying to the <u>churches</u>. To everyone who is <u>victorious</u> I will give <u>fruit</u> from the <u>tree</u> of <u>life</u> in the <u>paradise</u> of God."

ANYONE	CHURCHES
EARS	VICTORIOUS
HEAR	FRUIT
LISTEN	TREE
SPIRIT	LIFE
UNDERSTAND	PARADISE

Revelation 3:12

```
O C O M E S M Z Q R J
T V X Q N D Z L K L Q
E M E L A S U R E J K
M N D R B D A Z Y N Y
P E E T C L T T W E N
L M T V L O I B G M R
E A D I A C M O M L X
V N P D R E D E N G D
L T N D X W H M S Q Q
```

"He who <u>overcomes</u>, I will make him a <u>pillar</u> in the <u>temple</u> of My <u>God</u>, and he will not go out from it anymore; and I will <u>write</u> on him the <u>name</u> of My God, and the name of the <u>city</u> of My God, the <u>new</u> <u>Jerusalem</u>, which <u>comes</u> down out of <u>heaven</u> from My God, and My new name."

OVERCOMES   CITY
PILLAR   NEW
TEMPLE   JERUSALEM
GOD   COMES
WRITE   HEAVEN
NAME

Revelation 3:19-20

```
K J R K N V D B V E
Q N G E T N O T N K
E V O R P E R I Q Y
E A T C N E L X C V
N J R E K P N L P E
L E P N I I R T V B
O O T C E O N C T Q
V L S S O S O G Y Y
E I J D I M T J N Q
D Q Y B E L T W W J
```

"I <u>reprove</u> and <u>discipline</u> those whom I love. Be <u>earnest</u>, therefore, and <u>repent</u>. <u>Listen</u>! I am standing at the <u>door</u>, <u>knocking</u>; if you hear my <u>voice</u> and <u>open</u> the door, I will <u>come</u> in to you and <u>eat</u> with you, and you with me."

REPROVE	DOOR
DISCIPLINE	KNOCKING
LOVE	VOICE
EARNEST	OPEN
REPENT	COME
LISTEN	EAT

Revelation 22:12-13

```
G C R E W A R D R
N O A T L E D R Z
I M N G S O V Y L
N I O T E R O I V
N N O P T M I K G
I G S T V S O F E
G T A H P L A A X
E R B B N W C L Q
B Z X P T H E N D
```

"Look, I am coming soon! My reward is with me, and I will give to each person according to what they have done. I am the Alpha and the Omega, the First and the Last, the Beginning and the End."

LOOK
COMING
SOON
REWARD
GIVE
EACH

ALPHA
OMEGA
FIRST
LAST
BEGINNING
END

ANSWER KEY

Matthew 4:1-4

```
D A E R B W J Z M W D P
P X K W N R W E I L F Y
T E M P T E D L S O Y B
W M T B K Q D F R U L Q
O H W I J E A T N E S B
R N U L R S Y J D Z N Y
D O L N T I S T O N E S
N S E I G L P M J J M X
N S N N V R I S R B M W
S G M W G E Y V R X Y N
L N Q D N Q D M E N N
```

Matthew 4:18-20

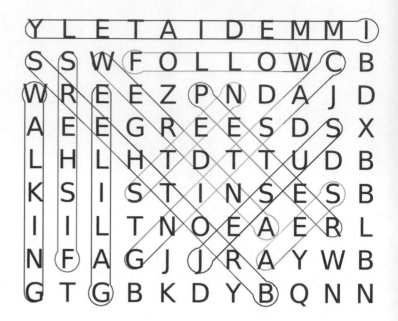

```
Y L E T A I D E M M I
S S W F O L L O W C B
S W R E E Z P N D A J D
W A E E G R E E S D S X
A L E L H T D T T U D B
L K S I S T I N S E S B
K I L A T N O E A E R L
I N F A G J J R A Y W B
G T G B K D Y B Q N N
```

Matthew 5:3-6

```
K B Y G P B R W C R T B
I V L Z D E R O N W V D
N I Z E G M M D J P B J
G J N N S F S P I R I T
D T U H O S H E A V E N
O H S R E D E L L I F Y
M P T R K R Y D T D R G
M E O E I Y I M O U R N
D L E O N H M T G Z Y J
J M Q D R G T V B D N Y
```

Matthew 5:7-10

```
S S E N S U O E T H G I R
B D R L N B N Q N K P P Q
L J E N M E Z E R E J T Q
E K K T V E R N A L R D T
S Y I A U D R C D A S E B
S G E N L C E C E O K L P
E H N I G M E H I Y G D B
D H M A D D S E F B K N
R C D K X G O Y R G U V D
N N E W X V B M U E R L B
D R N L Q J Y R P G P X Q
S Q L J V K P N Q K V G M
```

Matthew 5:11-12

```
P R E W A R D K B L D P G Q
P E R W N M D T I D M R R N
G R R Z R E Z V W V E P V P
J A J S S N E N B A Q J J J
E Y G S E X J J T Z G B T M
G C E A Y C S T E H P O R P
N L I L I N U T J J T F B Y
B P A O R N L T N K A E N W
X E K D J U S E E L C R P T
T O Y M S E V T S A Y G B Z
Q L P N Q A R E U Q L L Y R
T L I J E T L S Z K Y P M N
R E T H Y Y E D N R D J K D
```

Matthew 5:14-16

```
W O R L D Y T I C H T
E K R A G N T Y I M X
N G B M L W E L T Q K
I J L P F H L D G G Z
H B Q O E A Z G D P P
S P T A R T T S O I D
J X V E H I K H M O H
T E K G K R F N E Q D
N D I Y O S Q Y D R Z
B L Z W L Q A X R Y X
V R Z K D R R B N R P
```

Matthew 5:19-20

```
L K Y N L G L Q Q R N Q G O B M
Q Z N X J T E P K S Q E O Q N P
S E E S I R A H P Q C M V S Q G
T R B T G G S R E N M R S A Y G
G R E M E N T N B A M E I S E G
M R B V N A T L N R N R D B R H
O B L Y E E C D N S W E E E E W
D Y M L R O M H U N E P A V M S
G T L B Y E H O E C B T K N E J
N Z Q N N B E W X S R D L B R N
I Y M T P T Y E M L E M K Z J Q
K M S Y H D N L L T A R M L Y D
T M M G L Y M P G K P Z D N B Z
Q M I K G B N L J P S Q J N L W
T R L Y M X Q L Z L T Q Y V V N
```

Matthew 5:23-24

```
D M R Z R R R X Q J
B E L E A T X B T L
B K L T M B S G T A
R P L I L E N R G N
O A R T C I M A I S
T F I G R N I B I F
H D Q E C N O S E W
E D F O S G T C Z R
R F M T R E B B E D
O E M Y R K R J L R
```

Matthew 5:43-45

```
Q B C Z R N Y S B Y
J E M H Y E E A R X
R G T T I I H I R H
E O L U M L G T E P
V O B E C H D A A L
O D N H T E V R I F
L E E E G E S V E N
N T O S N I E R I N
Y U J B I M E A E K
S L S M Q R R N B P
```

Matthew 6:3-4

```
G N I O D P M G N J N
D O N E S B L Y Z N R
V Q L P M E L Q W T L
M P M E D G E D N L K
D N N Z F G N S N V N
K R G E I T R I T A V
R G A V E E T E V K H
B G E W H D R H N I P
D D G T E C Y O G Y G
Z T A N E R W Y M I R
Y F B S X M M J L J R
```

Matthew 6:9-13

```
N B R Z L K J V V P L N M M
O M L L L D L R E G L N L W
I V X R V J T E W A Y L T N
T Z D R L X D K V D R B I D
A D E W O L L A H I N T A W
T T L G K Y P L L E G I H B
P W I X T I F R V D L R R N
M P V T N A N A A Y G E O D
E W E P T E E G B Y A R E F
T N R H V H T T D D W B M K
Q P E I M Z R T Z O T T N M
D G L L K D D P N S M A W Y
V B N D J T Y D Y V M P T R
G N N Y N R T W M E L J Y Y
```

Matthew 6:19-21

```
S H T S U R E T T T
T T M K N M R R H T
O R B X U A E I X S
R A D S E A E H T K
E E N H S V E E A O
H O T U E A A E S N
C T R S V L R L Q L
Y E O E Y B A W Y G
S R N M Y B N W P N
```

Matthew 6:24

```
S R D D T H D D G G B K
S R E L E A P E O C D Y Q
E H M T S V D A O N E T
T I T E Y O P N Y E N O M
S I I W T O N I V T K D R
A E E T O E R S O N V Z
M D H T V E P W E V Y M
B E R O S G T J N L P M
R K L B Y B G Y G K Y N
```

Matthew 6:25

```
M J N M D X R M E L T V
K L E N D G Y A D Q N T
D Y G R D T T W Q M P J
L Q D R O G V C O T W R
N X I R Y F L R D B T D
J N B N G O E Q R E G M
K R N R T N F R L A Y D
B T A H W G I L E R E M
M O I R M Z L Z R H J W
T N D W T N T O P N T Y
G Q Q Y J X W X B N D N
```

Matthew 6:26-27

```
R E H T A G H B N N
F A T H E R O M W W
E N H F S L U O O V
L Z I E O D R S S R
G L E O A R E N N R
N B K U Y V R E E D
I R I L A E A F S
S R N R B A P N P Y
L G I J D D V A L T
X V T A V S N M R Y
```

Matthew 6:28-30

```
J Y R R O W J F A I T H S
V X D G N W R Y G R K O B
T J X E R V J R L P L D N
L P V S G O A T E O B G C
N O Q E R S W V M Q B L X
N J R I S J I O T T O J L
I J J L N L N Y O T Y F D
P M J I A W R I H R I X L
S R Z L M O L I Y E P D T
R G Y R L P N T L L Z G L
K R P G Y G B D J P R D L
```

Matthew 6:33-34

```
R I G H T E O U S N E S S
T M E F L E S T I Y X J M
H O N L V W N X Q Z K M Q
I D M R B R O O D Y X W T
N G M O D U F R U L R B V
G N T B R I O N R G N K B
S I M V R R E R P Y H Z Q
P K R S E V O Y T Z G W R
M N T A I Y M W L Y N M Z
B M C G S E E K A N Q D
Z H V R B M Y D J L J W N
```

Matthew 7:7-8

```
E N E V I G Z R
K V O P E N E D
C L E N D C D K
O K L R E O S Z
N R D I Y A O S
K Y V N W O E R
N E O M I E N M
S P Y U K F B E
```

Matthew 7:9-11

```
D A E R B B B X D R D
S S F T E Q V G N D
N K D I Y H I S C D
A S H D S F T H O R
K A Q E T H I A E N
E W V S A L E N F M
W I X G D V O V O L
G N Z R O T E R I L
X Z E B S O E N N L
Q N M D T J D N J P
```

Matthew 7:24-25

```
J T T N B J B J Y N K T N W
L D P Y Z E P J Y G M W T M
Z N Z T A K L J Y B R L M W
N O T I A D N U O F I A T L
P N R M L T R V R U Q E I M
S R E S I W T Q B Y V S W N
T R A M W X W J G E R Y Z T
R M B C N Y T Q R A K M J D
E Y H S T M Y Y E C Q J J B
A S Z O D I O H O X Q X M M
M L D L U N C R B L E W N M
S L W R E S I E M P N P L Y
N A Z K O B E W G G G Q W L
N F J J B W B Q N R K G D Z
```

Matthew 8:3-4

Matthew 8:10b-11

Matthew 8:25-27

Matthew 9:1-2

Matthew 9:12-13

```
N J X J J Y L T Z N X J L Q
R Q Q Q K J M X R L B T J L
A V K Y B J D K L J D P Z W
E S T L D M Q R X D R Q L Y
L I R Q L L Z T W E X L R Y
N N M I K A R B C W T L L P
H N G Y G E C I D X J T S B
R E N R R H F H E A R I N G
J R A I T I T D T S C M D Z
Q S S L R D O E U K E J Q Q
Y E M C T C E S O R B M Q Z
D R A K T H E E C U L B O B
M S T O Z J Y Y N B S N D C
T T R V K D Q P B T M T Y G
```

Matthew 9:20-22

```
E D G E R C T W A S
B M T R T O L G D D D
D O J W U U N O W M
H M H C E I R G A T
T E H E D L N N P K
I N N E A S V Z E L
A T E A X L R E G D
F L T N M G E A Z L
B X L J Z O T D E T
X L Q B L J W J D Y
```

Matthew 9:27-30a

```
G X T M M B J D A V I D
N R T O L R E P B J K W
I Y E I U W R E V N D R
L T N S O C L H T I A F
L D H L T I H Y C R E M
A L L G E O J E S U S L
C O P V I S R E D N Z D
F R E Y O S Y E X K N M
T D N N V E Y L D J Z B
```

Matthew 10:6-8a

```
M E G A S S E M W Y
I R A I S E O Y S Z
A L J I D D C O W N
L L C A G L R N E N
C K E N E P T V M S
O D I A E P A S N T
R K N L R E E O O E
P S A A H S M E M L
E E E L L E I O H D
H N Y B D Q C G K S
```

Matthew 10:8b-10

```
R Y Q J Y D L R Q Y L L
E E E R Y M N L P P R N
X G C N Y F K Q B N G B
T I P E R E P P O C T G
R V Y E I U Q K K G S K
A E E T D V O B E L A J
N L J W J R E J A E W B
Y S D N O Y E D N S P W
S T L E B R N V H D O M
Z A O B Y A K I L R P Q
V F G G S L R E T I B Y
R F Y K T T L H R N S B
```

Matthew 10:18-20

```
S S G N I K A E P S A T
G E E T A L L Y V C R R
T O S L H R B B B C K Y L
H G V S I G R O Q T J P
R F X E E T U E R J Y M
R O T A N R N N O S L R N
G S I T T N T E R T X L
G G Y R H T O I G B M G
H N R L I E Y R W Z I V
V I R M Y P R T S V D N
M K O R R L S R E T T R
Q J W P K M T N B Y P Y
```

Matthew 10:26-27

```
W H I S P E R E D X
C X M L A O K A M D
B O P I O F Y R E W
H T N F A L R S A N
K I S C I L O A O D
N L D G E L C T I K
O L H D C A H O A D
W T L S E I L E R R
N Z I E N N P E A P
W D J G T S P E D J
```

Matthew 10:29-31

```
M O R E R A C N T G
S W O R R A P S D Y
D E R E B M U N G L
R N D R L S A R Z Q
E Y R I R L O N H L
H Y N I A U A T Y W
T E A N N R R F N X
A H A D E O F O W T
F B W D W P J A W J
```

Matthew 10:42

```
Y W A D S R R D M G J
G L L N E E I W O P X
X O N W Y S V N V L B
C M A I C O E I I V D
R R T I A S N T G Q R
D M P R L T T E X T R
N L C E U L R T E L D
E Q U T E L W E S O L
V D P A B L Y N C B Y
E G M W G P D M N V L
```

Matthew 11:5

```
D G Y D G R V D B R M P
S E O N A R E N E G T P
I O M E A S N C S W E N
G M H I N L E P R O S Y
H R S A A I P O O R Y Q
T E E D V L D E S I A R
D L D E N Y C Q X D R R
C W A L K I B O E R Z Z
K B E M R W L A R Y M T
R N D R E T E B R P Z T
```

Matthew 11:11

```
G T W O M E N T T
H R X T N T S J K
E U E Y S I V I T
A L B A T A N R A
V Y L P T G E R Z
E B A E D E I L N
N B O O T S R H D
T Z M R E L O N J
Z B D N N J V R L
```

Matthew 11:25-26

```
I N S N W I L L E R T K
M N P U Q I E P E M D K
G W T Z O A S V N P I M
N Z D E R I E E M D B T
B G Q T L A C T T H T I
G B H V L L T A E P N K
F V R E B B I A R F D N
S A D J D Z V G A G E D
U W T R Q E R N E D G P
S W O H N V T V D N Z D
E L Y J E S B I Q N T L
J Z D T L R H Z N R B Y
```

Matthew 11:28-30

Matthew 12:49-50

Matthew 13:8-9

Matthew 13:16-17

Matthew 13:31-32

```
M N B K R X L G P X T T Z L Q
M N T R E G R M U S T A R D D
Y P Q E A E Y Q J S L D E E S
V X R G A N N N M Y Y M L Q Y
D T P T M W C A E L B A R A P
R T E R J S L H N J G Q B N T
L S Y L B L K W E N J R B T V
T P P U E N I D D S F Q O L X
K J R S K Y N W E X D I Q W P
J H T Z K J G N R W V D E L N
S N G K B B E S D O R R L N
Y J E V R K O V J D D S N J D
R X R S X W M A Q J R K D N Q
N X Y P T L L E G T L I P M J
N D M L N S B H N D B L B B X
```

Matthew 13:41, 43

```
S U O E T H G I R
S U N S S A K F B
R O R E N I A L P
A A N G N T S D G
E D E G H H E E Y
H L D E I E V N Y
S O R N W I I N N
M J E Y L S Y T W
```

Matthew 13:44

```
E R T D I S C O V E R E D W
R V H G U O N E X O W N E D
U B E Q Y B X C D L O S Z B
S U A R R E I M K X B W K G
A Y U V R Y T N I N F P M Q Q
E J E B E T N O I D T Q R J
R J L N M J G H E M G L N D L
T M E B D M L I N E D D H
G N T O I D W D N L L W V T
T Q M M H X Y V Z G X Y P L
```

Matthew 13:45-46

```
G T K I N G D O M D
E N B O U G H T E Y
C A I M T A E R G D
I H L H O A E Y L P
O C N W T V G O E N
H R N V O Y O A E R
C E N C A K R V I S
D M S J O L A E O N
Z I L U S E U L V N
D T T Q H L D E K E
```

Matthew 14:25-27

```
D I A R F A J E S U S
T E R R I F I E D M Y
D W T D D G L Z O D R
E Y A N R P H R L Y Y
I Y G L I A N O S B Y
R K L C K I W P S H R
C A S R N I O O E T M
A I E G A K N A T Z W
D E V F E E R G D K M
D N S T Y T N L Y K Y
```

Matthew 14:29-31

```
W R C J H K N I S T W
Y M O E D T Y W B K R
Z K M S J P I U I B T
W G E U J T O A X N R
A P N S D D M Q F E D
L T R O N R R T A O B
K M H A R E O C D R
I S H G T T H L E B K
N V A E U E S T B T L
G Z P V D A A M J Y G
M Y Y T E W C T L M L
```

Matthew 15:32

```
C Y P V M T W Z N Z Z Y G
O R B Y J P H T L M R K T
M G K K M M T R T Y N T
P N S D J S R T E X P V Y
A U W E U Z D M J E W Q P
S H S S L T C N T N I A F
S L E Z T P O R Q J G D D
I N N D T I P O D B Q M
O N D B H D B C A W Y M V
N T Z I T Y J Y S X D N T
Q R N A T K S L L I W A Y
Y G E J Y T R J D D D N Z
```

Matthew 16:16-18

```
F A T H E R B N T P R
X W N X G L E D N L R
T O Q H E V E D L N S
S J N S A L F M O E T
T Q S E A I T L T G G
H E H E S P S A E N X
D C V B E I G S B S H
R E R T U T M L E A H
R O E U Q I O O D M L
N R C B H O L E N L G
Q V D K D C S D N M M
```

Matthew 16:26-27

```
L G T T W H O L E M Q
R U N D I W G G Z R J
G E O I V E N O D M Z
W N W S D A F C O M E
E O O A H R A R N D N
Y N R C R N O I O J Z
E R X L G D A C V F J
A E O E D G X K C M T
C X L L T D V K Z A M
H S D L G Q K Y J J Z
```

Matthew 17:20b

```
L R J Z K B F L D L N T K
R X Z D Y A J B L O Y L I
Q R Z W I Z R D T Y D M M
M U S T A R D H L R P N M
W H H Q W T I U V O I B G
Q S E E D N R N S A Y A S
S M N R G T N S T E T G W
D A N J E X N L Y V B Z
Y L P N Q B U K T L G O G
M U D N L O J P X M I M M
N J M E M T J G Y R Z W G
```

Matthew 18:2-4

```
T S E T A E R G E Z Y M T
M C G Y A L B E N N T T Y
O A N Z M D Q M V E T M V
D L A V O U V M M E D E N
G L H L N Z G O Y X O B R
N E C L G D C C K Z T H L
I D E X N E H R L N N J W
K S M R B I L Q M E L D K
S Z T G L G N B V K N T Y
N T M D Y K T A M M X T J
G V M R R M E K L U Q R R
R R W X G H J N Z Z H N V
```

Matthew 18:10

```
S Y A W L A E J J L N Y
J Z N Q Q F R Y G J L L
J M Z W M Y A T W L Y D
W V D E O W W T E X G D
N P J T C D E T H Z B H
O N E S L N B Y A E E D
L I T T L E E N T A R K
D J X B Z L G S V B O T
J Y G Z D E Q E E O J N
G Y T B L G D N Q L R D
D V M S W T L W T Z P L
```

Matthew 18:12b-14

```
R E J O I C E S D D T
S E A R C H Z M S S M
S R E H T A F H O R Z
N M Q L L S E L A R K
I T H L I P D S K T E
A K I U H T T N H M L
T W P E N R T E I E N
N V R E A D A L A F O
U D L Y E V R V E N K
O Z T B E H E E E M J
M J R N D P S S D Z W
```

Matthew 19:14-15

```
C H I L D R E N M R T G E
D M W L M V V M J X K M N
V N P S U S E J R I O E Z
B E L O N G S S N C V B D
P V A M Y Y B G D A B P D
P T C J J E D L E A O K L
P N E Y K O S H E T E J D
T D D I M M D B S S J H T
N T L Y X Q N Y Y N S W D
Z P N D Y P A P J L X E J
P B M R J X H Z T G M M D
```

Matthew 19:28-29

```
D R L E A R S I I N M W
E R E P N S O N R J Z T
W E D C M O H T E J V T
O N V M E E R T R M L Y
L E N L R I E H J Z T V
L W J I E R V E T K R R
O A T K N W S E B I R T
F L A A N U T G L O R Y
N S L B S E F I L D T R
```

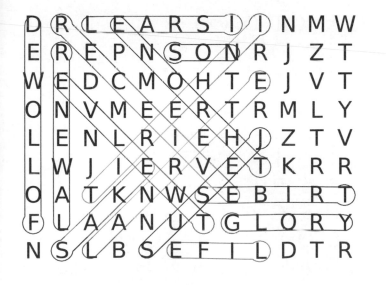

Matthew 20:26b-28

```
T J R L N N N T V
R E V E O H W T
A E D S M T N C
A N F Y E A A A Y
S I I E V M N G
O L R R E A I Y
M G E V S V L T
T S K Y E T Y S
```

Matthew 20:32-34

D S U S E J W T Q N
E D G D P S D A O P
N D E W D E I I N T
I D K W L M S G O T
A B T L O S S U H O
G W A V A L C E P T
E C E P D H L E Y L
R D M Y E R N O L E
Y O M D N E O Z F Q
C K T J D N N L L G

Matthew 21:21-22

J Y N Z G S D M N B Q W
M W R W U I O T B U O D
W B L S O U F J S E A Y
E H E I N R R J V B Z W
E J A T F E H I F Y Y
R Y A T Y T E T A R R G
T I W A E C E I L R W D
N M R D E V T D X C D T
V P T R X H E T D Q T B
T B T B Y M L M R R K T R

Matthew 21:42

S U S E J D D L S T C Y
P Z S G D O J R O O R Z
T Y M C I E E R R R M B
G Y D N R D T N E B D Q
N T G Q L I E C E V Y R
I K T I M R P C E S E B
Z W U N S N O T T J L N
A B Y T J M Z O U J E J
M B O D E J N T B R D R
A N N D A E Y E S N E N
E J Y J L E R J L T L S
T D T R M Z R X N Q J J

Matthew 22:30-32

N X X T D V T R B K L Y V
O L Y D L L J D T D P T Z
I J T K B R Y T O M Y M R
T G J A C O B G V W J N M
C Q N D Q N X W T T P N
T Q I A D A E D M N B Y
R T V R V B W Q D W K X R
N E G P I R S L E G N A
U D Q V Y Y L A I N W L Q
S G A R A N R S H T N G
E B R E W E A L R A X Q R
R A Z B R A H X M V M P X
M B P M C R N J M P V M X

Matthew 22:37-40

```
F I R S T T Y Y M W B
T N E M D N A M M O C
G N J Y J M R P Q R R
T S E T A E R G O S L
E Z K L Y O S B O D B
G V O Y P M H U O Y B
M R O H B G L G S L L
D I E L I T R A E H R
G T N E A Y J T W N B
S D N D T W M V N D R
```

Matthew 23:8-10

```
T E A C H E R G O D
S R E H T O R B M T
S V R N E V A E H V
E I T E B A S P E D
N B B S R H S R Q M J
O B V T I T U T O P
Y A Q A E A A A H P
N R H P L R L F M P
A X X R W L S Y Y Z
```

Matthew 23:11-12

```
R N L Y L Y R R R S
R K O D T L A X E V
G U X M E W L V Z Z
R W Z S I L L A K D
E H A L E E B D V B
A O L M S R K M N R
T M G M O J W U V
E J E K Y N T A K H
S H N M B Y G L N Y
T W Q X X R K T M T
```

Matthew 24:6

```
S X J D X R T J M
P R N R A E D B W
L E O E Y E Z J K
A W H M M L L W
C T A R U U J B T
E B A R B R S S Z
B L Z K S Y E T L
A P T K E E J Z N
```

Matthew 24:13-14

```
D Y N O M I T S E T
E E R N R C E D H J
S N M R A N O R L N
W K D I D T O M S T
E P I U A U I A E W
N D R N G L V O O D
J E R H G E C R N R
S D O O D D L O T S
B U O J Y D O P R V
T D D J K P D M Y P
```

Matthew 24:30b-31

```
A B T R C H O S E N B
N J W Y E N G H E Y M
G E F A R T H E S T N Z
E P S Q Y A T R W B D
L O X D V T U A T L B
S W C E U M H Y G L J
G E N O P O G G A D W
R R A E M L L S I O P
E D T R O I T C R M Y
A V D R T B N L D R R
T L Y R N H D G D B W
```

Matthew 25:21

```
E W J R Y Z L D B N T P L
N M E N G N U D P H N M Y
O N A F Y F Y E I S W W L
D M P Y H N G N S E S D D
M A S T E R G E L E G B B
M S I T A S N L R O J D T
Z A H H H I B V O C O M E
F Y C A P I A D P L D B W
M D M P R N N Z D T X P K
Y L A R T E X G D P T P Z
X H P N G R Z J S K R L D
```

Matthew 25:31-32

```
E G G G G S T J D M
C P G X L H H E M B
N S Y A R O T E S K
E X H O T A R N E S
S P N E R H O Y L P
E E E A P I E E B S
R N P O T H G R T K
P E O A P N E A E Z
S Y N S A L O R B D
V Q M R R G E N D B
```

Matthew 22:37-40

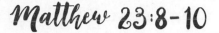

```
F I R S T T T Y Y M W B
T N E M D N A M M O C
G N J Y J M R P Q R R
T S E T A E R G O S L
E Z K L Y O S B O D B
G V O Y P M H U O Y B
M R O H B G L G S L L
D I E L I T R A E H R
G T N E A Y J T W N B
S D N D T W M V N D R
```

Matthew 23:8-10

```
T E A C H E R G O D
S R E H T O R B M T
S V R N E V A E H V
E I T E B A S P E D
N B S R H S R Q M J
O B V T I T U T C P
Y A Q A E A A A H P
N R H P L R L F M P
A X X R W L S Y Y Z
```

Matthew 23:11-12

```
R N L Y L Y R R R S
R K O D T L A X E V
G U X M E W L V Z Z
R W Z S I L L A K D
E H A L E E B D V B
A O L M S R K M N R
T M G M O J V W U V
E J E K Y N T A K H
S H N M B Y G L N Y
T W Q X X R K T M T
```

Matthew 24:6

```
S X J D X R T J M
P R N R A E D B W
L E O E Y E Z J K
A W H M M L L W
C T A R U U J B T
E B A R B R S S Z
B L Z K S Y E T L
A P T K E E J Z N
```

Matthew 24:13-14

```
D Y N O M I T S E T
E E R N R C E D H J
S N M R A N O R L N
W K D I D T O M S T
E P I U A U I A E W
N D R N G L V O O D
J E R H G E C R N R
S D O O D D L O T S
B U O J Y D O P R V
T D D J K P D M Y P
```

Matthew 24:30b-31

```
A B T R C H O S E N B
N J W Y E N G H E Y M
G F A R T H E S T N Z
E P S Q Y A T R W B D
L O X D V T U A T L B
S W C E U M H Y G L J
G E N O P O G G A D W
R R A E M L L S I O P
E D T R O I T C R M J
A V D R T B N L N D R
T L Y R N H D G D B W
```

Matthew 25:21

```
E W J R Y Z L D B N T P L
N M E N G N U D P H N M Y
O N A F Y F Y E I S W W L
D M P Y H N G N S E S D D
M A S T E R G E L E G B B
M S I T A S N L R O J D T
Z A H H H I B V O C O M E
F Y C A P I A D P L D B W
M D M P R N N Z D T X P K
Y L A R T E X G D P T P Z
X H P N G R Z J S K R L D
```

Matthew 25:31-32

```
E G G G G S T J D M
C P G X L H H E M B
N S Y A R O T E S K
E X H O T A R N E S
S P N E R H O Y L P
E E E A P I E E B S
R N P O T H G R T K
P E O A P N E A E Z
S Y N S A L O R B D
V Q M R R G E N D B
```

Matthew 25:34-35

```
P R P Y V B N R J J B N
G R N G K I E O M Y J T
N R E C N G S W S T N K
I R I P N I E I V I T T
K S I A A L H H T Q R Z
R D R N C R U T T E M P
B T E O H N E H O D D N
S D M S G E I D R L J B
D E E R S R R I G F C C
D Z Y K S E N I O L A Y
M R B T A K L O T R L M
B Z Y M L N D B E L Q R
```

Matthew 26:26

```
G Q B R S G N I T A E Z L
G N I S S E L B S L T N E
P J K Y X N L U R R O L L
A F T E R Y S P G E I A Y
B M B J E E Y G I H A G F
R L D R J K M J W C Q D Y
O L Y D O B A X N Y S X Q
K N R O T J T T T P Z I R
E B T T D B J J J X T X D
```

Matthew 26:27-28

```
S S E N E V I G R O F M
T P T N G G L D S I N S
P N K H N K E M D T W J
U D A I A R J O O L M B
C R V N U N O O N D V D
Y I M O E L K L J J D Q
G N P A B V X S N M D L
K K N L N K O V X V J L
Q Z T L M Y Y C N T Q N
```

Matthew 26:39

```
G N I R E F F U S Q N G
G M G J T A R E L L I W
E N Y R R A L N F Y Z N
C B I T O B K A W A Y D
A G H Y I U T E B N G X
F E C S A H N O N V M B
R D S U E R W D L W L D
D O J R P E P L Y J X N
P Q R W D L R E N O D J
```

Matthew 26:53-54

```
S C R I P T U R E S
D E L L I F L U F V
Y C R P A A L G S B
N N Q T P E T L N Q
W O H P G W E E T B
Y E E I E G P H S R
R A O L N P I E Y T
L N V A A N N A R Y
S E K H K D W N T R
```

Matthew 28:8-10

```
E E L I L A G O I L N M
Y T L N S W Z O G M M P
R B N D L R Y X N B D M
Y T G B E M E Z W I R D
E P J R J P J H S W I P
P E N D M E Y I C T A Y R
S A M E K E N E I H R O L N
A L O P E L R A I T R N B
L W T E S J R E N O O L
C N S R K U E U J G M W
N G B Q L F S Q H Z S B
```

Matthew 28:18-20

```
Y D I S C I P L E S B
T S C Z P O E Q Y A N
I N B O B I V A P X V
R O G E M E R T R R D
O I Y N K M I I F T S
H T N A I Z A A T U H
T A M E I H T N S D D
U N H N V H C E D E Q
A N G O E A J A V E V
Q M O R L M E I E D D
Q W W S Y Y G H L T N
```

Mark 1:14-15

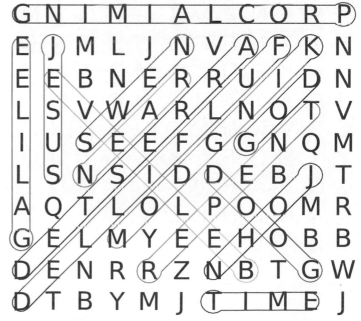

```
G N I M I A L C O R P
E J M L J N V A F K N
E E B N E R R U I D N
L S V W A R L N O T V
I U S E E F G G N Q M
L S N S I D D E B J T
A Q T L O L P O O M R
G E L M Y E E H O B B
D E N R R Z N B T G W
D T B Y M J T I M E J
```

Mark 1:25-27

```
T I R I P S A T T J Y
Y N R W Y M Y E L L L
O T K D A L A Y T N V
R L I Z N C D N V B Y
D P E R H I E K P Q S
E D E I O L M E P H Q
R T N J O H O P R T O
S G E I E P T I U B X
Y R V I L S E U E R G
J K N E U K U Y A Y E
M X G Q Y Q M S X N Z
```

Mark 1:38-39

```
N N J V Y Z R Q T E K B B E
E M I A L C O R P K M V G S
I T H R O U G H O U T A Y V
G D K B N L L C G D S N C N
H E E L T L A G Q S A D Z K
B M T R T S V L E G M T N T
O J N T O N M O N Q P N Q
R N L I M M W G Z O Z L Z T
I S N T K T U N M S L Q J B
N G L D M E Y O S L T R J Q
G R T D S D J G L A W R J X
```

Mark 5:18-19

```
B E G G E D D J J B M Y L
G L B N M R E D N J T U M
X N J L R B M M R Z X J W
N N I D W P O J O I Y J S
X V N H Z G M A C N T U P
R D L V T E T R T B S O L
T R L V N Y E Y V E S B H
E O B O Z M R Y J S M O K
L D N M M L E E G M X T
L D N T M I T S V E P M J
R J X V M Q S M T E L Y T
N D T A D E B M Q J N Q T
B W F T D Y D P Q P R N D
```

Mark 6:30-31

```
S T H G U A T N S
E Y J E S U S E R
V T R L G T L E F
E E M T I T T F P
L I D M S U O L T
E U E O R I A U T
S R Q P N N C N S R
R U A E D E E E I J
O D W X R R K T M
```

Mark 9:39-41

T W A T E R N M V
K S W D L I V E T
A G I V E S J S D
E N N R J E N Z D
P V A E H I D R P
S E S M A C A O L
B U P G E W W O L
S U A R E E S X J
C Z Z R R E W L Q

Mark 9:50

Y O U R S E L V E S
B J G T W Y X Z R T
P M N A J N N V L K
Z E L X N B L A G L
D W A T N O S A E S
O E T C S B T E K H
O D V T E B N H O G
G R L A Z O K W E Y
Y L R L H Y Y Y N R

Mark 12:43-44

D K O M N L Y G M E T D V
T I O T I L K N V P K M K
R R S V H Z L E T Y B N Q
E C E C B E R A T X N M X
A A H J I Y R R J E S U S
S L M T T P E S W X Z T N
U I G H L V L O J P Q W N
R I I A O A D E O T R X D
Y N N P V I E O S J R Y K
G G M X W E R W T J X G K

Mark 14:8-9

L W P T J K P R D L O T
A O L R M R E N E Y R Z
I R J W E V B P N P G M
R L D P E A S O E M T N
U D A R D O C R D Y V Z
B R E C G E F H R Y N T
E H E X O U R O E W J Q
W R N B M U M U K D D J
M J O E X E L Q O L D K
N Y D Y M L X D D P G K

Mark 14:61b-62

```
G L B Y P Y T S D U O L C
N P X M Y T V N K W Y J J
I L O B E N T N N T J L Y
M K W W L S D H Y B S K Y
O G D H E E S T G R O T D
C M G A N R S I S I N R K
N I T Y D M G S A E R J D
H E A V E N W J E H I T Y
O D Z H D D J B E D K R D
L T A P W Z V P Q S B P P
M N N D M M Z B L S U L Z
O Z D L Y N J J E T M S P
M Q R X B B D E Z M M Y P
```

Mark 16:17-18

```
D E M O N S D T S M K V Q L
S D B W R R R E I C S M V D
E E N J I U G R I U V M N T
K L L N H A A S O K A E P S
A A K R U C L N M N L Y N D
N E T G U E O B E L I E V E
S H N L S S L Z Z L D Z M R
T A O C I N D D Y D E X N K
L U A O M Z G N N M N Y M K
S S P L B D M I A A B Z G T
T N Q J K M R N S H H J Q K
```

Luke 2:48b-49

```
Y X G Y G R Z T N B N X T
R T Y J M M Y M Q O G D L
G N I H C R A E S R T D E
Q J G T B D Z B M A I S Q
B M R Y D R V T E S U N Y
L O O K I N G R T O R Y R
B T D D K M G R H E V W B
B H Y L L N E Q H N J R T
D E R Z O S O T M W T B X
K R Z R S H A W B U W Y J
V D L W J F E R T B S H G
J R W D Y R R B B K P T Y
```

Luke 6:9-10

```
L O N A H L H N D X
A D E R O T S E R N
W M T E A T S J L Y
F Z F B R T E V I D
U I B E R S G O O D
L A T O U K A M T B
S C Y S S V L V G V
H K X A N Y Z J E X
```

Luke 6:29-31

```
G D D Q K Y G S J B M W V
O T B M R Y Y I H Q K B T
O L X M J Y S Q V I V N K
D W Q N R T T D Y E R B B
S A W D R L R E F F O T T
Y Y W I L P N K W D V Z S
N Z K A Y O W K X R D R Z
B E X N Y S H R Z T E P T
S V S R R Y G H K H Z R R
Z D E C O A T E T B X N Y
Z V K X Z X E O B I T J W
E Z A L N H R D V J W D Q
Y D T L C R L M D X N K T
```

Luke 6:37-38

```
D Z G P S J E V I G R O F D
J L D R R H N K W W I B Y M
Y G K E L U A M C D N V D M
L Y K S M D N K E A N P E Z
M E A S U R E N E D B X J N
T D G E M M T T I N N P Y R
I O Y D Y L Q Y N W O D N
D U G T T W K J T X G K C W
W V D E D B Q L B J Y T X D
Q V L G T D P B D O Y Y B M
R N T A E H T N O Y V N L M
R Z P T P J E D O Z W E M N
L G P B R J T G O W X R R
P T T D R V B D D Q J L N J
```

Luke 8:16

```
G N I T H G I L R
A F T E R L A M P
U D P X S H S J G
N N J R I T B E J
D A R D E E U Y E
E T E J D T W P T
R S A Y D B N J D
P R L Q Z B R E D
```

Luke 9:18-20

```
M X J L S T E H P O R P K
P J N Z L E P R A Y I N G
N R G Q M K L N X B Y V R
N O B Y M I C P Y M H R Y
D R D X T I E Q I A J P X
R Y W Y E H L S I C R R B
X Y R N A B Y S U C S A L
Y L T J N N S V R S P I D
B W I J T E E O A T Y R D
M L O N M V W S I L E T N
E H L B N D W S I T O X G
N M L W S K T K E R W N T
L M L D N B D P P B A J E
```

Luke 10:18-20

```
S A U T H O R I T Y N B W
E Z Z B X T H S E D V M
C N Z V R U T V G N N G
I X O E R I A N A M E S
O Z A T R E I Y M E N E
J D S I H N E T T I R W
E S P E T I F N R K B L
R S A H K L N E W Z L M
G M G T A A W G R B Y T
Y T I D S A O N Y R K Q N
J L N H V P N M S T M V Z
```

Luke 10:36-37

```
B Y K N I H T R E
N R O B B E R S W
J E S U S Z I R S
W H I C H W N H X
M E D G E T O W H
E T E K H W K A V
R J I R E B N G M
C L K D H D O A Y
Y W B K S T N R V
```

Luke 10:41-42

```
D E N R E C N O C D
W O R R I E D J I K
S Y A B O M P S N L
T L X H A V C W T M
E N I R T O E R N N
S O Y A V R W R E Y
P J E E T O A K N D
U N R R R E A M R T
O E V T Z T D O M G
D L H W D L L X L G
```

Luke 11:27-28

```
R O W O R O B I R T H
E D E G D L Y R R N Y
H N O L E R E Y E B O
T D U S L H O J Z B D
O H S R T A E W N R J
M E T A S S C G D R T
D A R L U E N A M O W
Y R R S V D D J M Y B
```

Luke 11:46

E X P E R T S J Z
S L H F B D Y M W
N D P A I R A O X
E O T O R N E O V
D W P A E D G J L
R N C L K P L E M
U S U S E J D Y R
B T F I L H K N W
R N N J L L A W J

Luke 11:52

Y O U R S E L V E S
H L K M V O M G G R
B I L B N W D N E R
M A N E Y E I X J D
W N K D L R P M Y L
D A T W E E Y Q Z T
T N O T R R Y G J Y
Y N N T V N E E N P
K E S L Y R Z D K K

Luke 12:35-36

G T W W B S L S K D L
N I M D S E A E A E Q Y
I I M G M T R N S M P T
N W O N V N S Q N P S
R C A I I E A M U K S
U N C I R D A V C E R
B E R D T S D O R E T
D P B U T I N E A E O
O N E E T K N D W P S
O L R E D E Y G E Y P
R D T Q K K R N Y N J

Luke 15:7

D E Y A R T S T S J
E D R L V N Y U N N
Y M B E R D O J I P
H X A U N E J N D T
J E T S T N E P E R
W E A H R T I R Q L
R A G V Y E V S O L
D I Y Y E D H S Y M
R O D J K N T T N D
B W G R Q G J J O B

Luke 15:8-9

```
C E C I O J E R N B K Z K B
A T X W N L M D T B M L J N
R L E N A P O L I G H T V T
E S T N M S T S H Y P M B D
F Y R A O L D O E S W E E P
U L O W J U N E S B N P W
L D C J B S R N I S N G V Q
L N M O E H T Z I F Z M Z J
Y E L D I I G L H C R A E S
B I X R R N V I Y B Y R M N
V R N E Q E S K E G Y X Z N
G F M D R T T D M N D P D J
```

Luke 15:22-24

```
S L A D N A S T B L J M X
F D R T Y V S F L O V N Q
E G I Q G O A Z E M S V W
A D N R L T F L Y E S O N
S N G I H I E M R N T M Q
T U G E N B Q V B E L D M
Y O R E R E A R E G N I F
T F S A B N T F N Z J M M
R T T Z T O L T Z L T R G
A E K S X A R N A X V L R
P N T Y C N R L K F G J M
```

Luke 17:20-21

```
D S M O D G N I K G
E E W V X K T D N Y
R E N Q K S O I Q D
E S T O D X M O E P
W I S I I O D V L B
S R M I C T R P E Y
N A Y Y Y G E S H Y H
A H P D S N O E E M
M P O B M L S R U J
Q G O P D W E L J Q
```

Luke 18:7-8a

```
H E L P I N G Q L
Y L K C I U Q O N
J G O D D T N E L
W U K T H G S W D
I G S G N O Y E X
L O I T H A L R M
L N D C I A R D C
N E B A Y C D G D
R S Z N Y G E N D
```

Luke 18:31-33

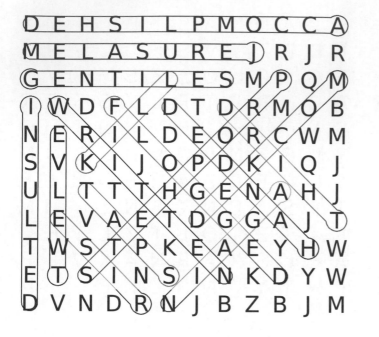

```
D E H S I L P M O C C A
M E L A S U R E J R J R
G E N T I L E S M P Q M
I W D F L D T D R M O B
N E R I L D E O R C W M
S V K I J O P D K I Q J
U L T T T H G E N A H J
L E V A E T D G G A J T
T W S T P K E A E Y H W
E T S I N S I N K D Y W
D V N D R N J B Z B J M
```

Luke 19:9-10

```
N S K R M T M M M M M
L O N M S N A Q J
J N I O T H Z E N
E E L T A O S N C
S B S R A U D O J
U K B U A V M A S
O A E C S E L A Y
H B E E G N V A Q
R B R B S E D W S
```

Luke 21:34

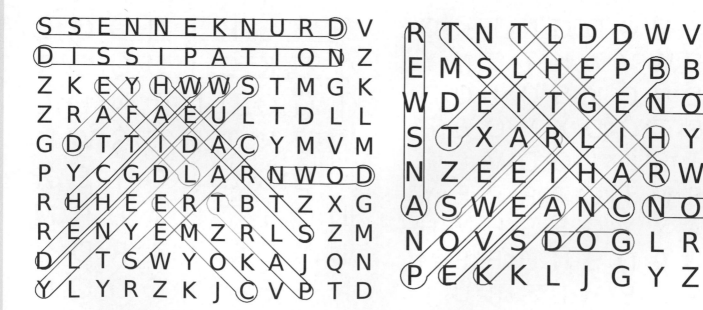

```
S S E N N E K N U R D V
D I S S I P A T I O N Z
Z K E Y H W W S T M G K
Z R A F A E U L T D L L
G D T T I D A C Y M V M
P Y C G D L A R N W O D
R H H E E R T B T Z X G
R E N Y E M Z R L S Z M
D L T S W Y O K A J Q N
Y L Y R Z K J C V P T D
```

Luke 22:67-69

```
R T N T L D D W V T
E M S L H E P B B Y
W D E I T G E N O S
S T X A R L I H Y M
N Z E E I H A R W Y
A S W E A N C N O W
N O V S D O G L R L
P E K K L J G Y Z G
```

```
C S F G V Y N H D M M P
R R X A Q R T M E V Y V
U E I K T A D V B P N R
C H V M E H I L L U K S
I T S D I G E A Q R B R
F O Y U R N C R I W M J
I T Q O S E A G R W P L
E F F L D E H L O T Z T
D E K X K T J N S Q J N
R L G Q G W K L N N R W
```

```
Q N E L P M E T S D W J
Y J I S M E G S D N A H
R S U A R I E J E S U S
A N P H T N D N T O R N
U O T I K R T D R D D D
T O M R R R U E L T Y R
C N A V U I H C H E K B
N A D Z S L T T G G M L W
A X T Z A X I Y N T G D
S T D F R L N Q W N T Z
```

```
D T Y L K N Q F B B B W D D J
E Y L P J Y E G B G E E N S
L R Y N Q E N M D N I D T K
T J N T T M J B E F L B Y L
R M D D Y M R T I H U R D R
A S D N A H H R Z O C N D Z
T L O O K G R Y D A J U N T
S M L D I E D B Y Z R J O J
L V G R T B P S O T J I Q T
L K F N J F T J S N B K S W
N L M P I R L O Q K E Y N E
R L R Z A E H E V Z K S B M
R Q M E Y G E M S Q W N N Z
X J H J G Y L S K H K L T B
```

```
W R I T T E N N S Y L L
E Y M J S M S P Z F L Z
D V R K O T O E U W A L
N Y E S L K I L H P P M
Q J E R E P F L R T G J
P S R N Y I L O L S K T
M K L Z L T P N M T W G
P K X L T H H L J O Q M
R N E T E G A I R J R Y
Y D T T P S M D N L T Y
G J S M P J S N N G N X
```

Luke 24:46b-47

```
S E D E M I A L C O R P J
S C K D B D M Y M T S M L
E N M V N X A E L U Y Z R
N A Q E N E S E F S I N S
E T N X L S T F D R I H T
V N R A I A E T T X J D P
I E M A T R S S I M Q L L
G P H E T I Y U I R X Z R
R E E Z M X N O M R R W Y M
O R T A Y L T N N E B Q B
F D N N L T Y T S X J G T
```

Luke 24:48-49

```
W W E G M L Y S K F J G
I D R N K M E T A G R T
T X E K T N W T I T X M
N C H S D B H T S C T Q
E R L I I E D G Z B N Y
S X N O R M N P O W E R
S G H D T I O L J T P Q
E T X I H H V R J W D J
S M A T G D E N P Z R
B P N Y G H R D M V Y L
```

John 1:50-51

```
G O P E N E D T M G Z L R
B N D E R E W S N A M G L
E E I L G F Q I Z G R V Y
L E E J D I B D N R E E S W
I R T G N N M E M N B M T
E T V H E E A E Z B G G
V Q D C I T C V W A S T P
E B S O E N A S L E G N A
G E V R G E G T A P D M L
D S O N H B W S G D P R B
```

John 2:7-8

```
D D G J N J R L B M
S R D R A W L X W V
M U A R M I Q Q B V
I C S W F I L L E D
R T H E E R E T A W
B A N I J T Q B Y N
R K W O E N S Z N J
T E Y J W F G L R Z
```

John 3:5-6

A W Q Y T W Z V D M J B Q
N D I M K N P B R J T P T
S D V T L G L J E W W B X
W Z X W H M N S R E T N E
E Q B P R O U I P N Y Y W
R R L K D S U D E T R D Y
E W L L R R M T R B N O B
D T E L D O H U J T K G B
D B T D D Y L S I D W M N
O M R G T Y R R E A B B K
G L N L N J I K T L R B X
G I R L J P D E K R F M M
K T G R S P R P M L R D N

John 3:7-8

D M K Y M G B Q G N H N D
W J B B D M M Y N Q E W X
T H D E S I R P R U S A R
I B E K W C N M R X L R B
R L L R K A O R T B T G J
J L O E E N M O Q Z R D D
B D P W V X T E B K G N
S Q K E N S E P S S O X Y
J P V O N I J R L I R D P
D Q T P Y T A W N A V J L
Y V D L N B I G M N I Y L
Z V Y E G N T N A B B N Z
P N Q X D T Y V T N L Y T

John 3:14-15

S S E N R E D L I W
E W L M O S E S N L
R T H A Z T E O D L
P L S O N V S N T Y
E I L U E R T U M T
N F M I M V E K J M
T T L N K F E T J Y
N E B M I M T R E B
B D Y L M Y J X D L

John 4:13-14

E N I A G A L I F E
N T H I R S T Y Y S
O G L E B J L G K J
Y U A M G E N G W
R N Y S N O I S A T
E N E I H R C T U B
V G R V D I E E M S
E P I N E R N T B K
S G B V W R R G E X
N X X K E W B J P L

John 4:23-24

```
G P Y T W Y D Q R J Z V T
W Y R V N D S O J T M H W
T O Z Y Z N E B G G G T O Q
R I R W Y G E M M U N L V
K E R S Y L K L V R X B F Q
R P U I H G S T N G A T H
H O U R P I N M W T S E J
C R X B T S P I H U R N
U D N T V Z P E M E V J
S M N B M X R J R O N Q D
L D J Y B M Z V B S C M T
```

John 4:35b-36

```
H G L D N U O R A M Q
A N L S R E P A E R J
R I A N N E N F C T G M
V I R R B G I N R B
E E E B E O A I L Y S
S T F J H R W D D S
T C E E R E T A L O N
I E R L H U E E W L R
N R O T Y R I E G I K
G O A X L F R T P O M
K G Y A Y B W E N L T
```

John 5:8-9a

```
T O O K W M A N
S U S E J W Q P
K E L O N D M B
L L K A N A Y Y
A L G A D C M R
W E T E T A E T
B S W D T D J T
```

John 5:19

```
R E S E E S T L G
E J S Z D E R N R
H T U I L X I E O
T R U S L W H V N L
A U E Y T E L R D
F L J O T Y K O R R
O Y N A Y Y I B
B W H K M N O S L
N W N M G J D R W
```

John 5:20-21

```
R R M M Y K M G W W K
A S T O N I S H E D T T
I R R F S D O Q W N B
S W E H A M E O S O N
E E O T E T R A S J L
S W V V A K H E D W Z
S Y E O S E V E F I L
Y R V M L I R Y B L P
B N N Y G Z L G M T R
```

John 5:24-25

```
S H T G D Z P E C I O V
E E N Q N A G I K D J M
V A E N S N U N E N M G
E R S S I D N A B T J K
I S E M G E T E R N A L
L D O M W H L U H O U R
E C E O Y I L L T D T G
B N R F F Y Q Z N M K Z
T D V E I N Y L K W Y Y
M G T R N L J Y T Y Q D
```

John 5:36-37a

```
Y C Z R B Y Y T N E S Z D
N O N D Q N F M L V R J J
O M G T B X I D D D B P B Z
M P N R Z K T G I V E N O
I L X R E B S R S P J E M
T E Y T Z A E R G K R N N
S E T W L W H T N N Y R H L
E E T X T L I E J N O O J
T Q J A K O T Q R J X K W
N N F R D Y B G W T N K P
```

John 6:12-13

```
N Y K Q D B T D L D M Z Y Y
O B L N S E L P I C S I D L
T L A O F X I G F I L L E D
H Y G R A R O F A L E F T J
I E W R L V A D S T N X B J
N V M V E E E G T H B Y L
G L B R L J Y S M P T E L K
J E V I F L L Z M E S A R Y
W V Y D O B E W T N T S G
G T Y K S D A B E W Y T W T
V W L T Y T B K R Q R T S Z
Q W M X E R S M B Q D Y Q
N B M N M A Z R W N V S X Q
J N G L B R N K K L J Y L T
```

John 6:26-27

```
S S E H S I R E P T J
E E D G W F W L S E A D
R R R E I O O N T B V B
U L L R O R E O L G M
D D L I K E R K O S Z N
N N Q I F N W A U G K D
E E N O A E V S I G N S
G O L N E E V N X Y N
D G T S J E J P A W N
```

John 6:32-33

```
N D O W N J L I F E
E E R Z J E D L R O W
V A J E S N S X D D X
A M U H E L A L Z R
E S G S T E T E T T
H H O O R R A V B R M
D M U B J A F B D M
T E B L G G K K Q R
```

John 6:37-39

```
G X W K L M W N Z K J Q T Q
N N L W T X Z T W W D Y Y J
I C T G Q N B T W Y S A R G
H Q O W N D R I V E W E Y P
T D L M G I L X N A W X N T
Y S H O E L H L L D T G S T
R E E E S T J T F K M A J M
E V Y S A E J Y O A L P N R
V I Z N I V N M N N T E Q Z
E G W G J A E Q D X V H P L
B O Q D J J R N M E V D E T
D L T L P Y T Z R K V N D R
```

John 6:45-46

```
E V E R Y O N E E M V
D E N R A E L D N D
W D N Z K W F S O C
R R K Y D A T G O L
I A T J T E S M R T
T E R H H L E E P N
T H E P G S T E E F
E R O G N U C B R N
N R Q G Q X A O M G
P N Q K E X M T D Y
```

John 8:12

```
T B G Y J Z J W Y Y Y D G
T J T D Q M A D S N T N D
A N G M R L G W R U D Q T
G J T Y K D O W S A S H J
A X M J W L H P R L G E M
I E L J L O O K D I Z R J
N V Y O E K N L L J D W J
M A F V E E R Z N I T B W
J H E K S O Z Y K E F X X
V R W S W K G M Q V V E T
Z Q T R Q J W Y D J D E T
V D J D N K Z Z J W G J R
```

John 8:31-32

```
K B V R T T R B D Q W
N F E C O N T I N U E
O R M L S Q S S T B B
W E W U I C W R R D T
L E S X I E U P H J N
Y E N P J L V T N K Z
J B L G Y K U E K A M
G E V W O R D N D T R
S Q Y M T K L Q G M R
```

John 8:49-51

```
F L E S Y M Z J P J Y Z L
L E S L P Y O X V R M R
Z G N E D L S R R O N O H
M D S G E S D E O Z B Z Y
D U P P E K V W F L D Q B
S J D S O E I A Y E G B L
D D S B O R T N M W O R D
Q E E H E H W O G D L N X
D Y W V E B N D E A T H P
S M E R G B R N E L P N M
Y N T Q L D V D L B K Y J
```

John 8:54-56

```
R X Y F A T H E R Y Z
G E Y F L D D W M Y Z
N K J Z I A R A M D D
I N P O L R H O X L V
H O R G I A O X W V Y
T W Q A R C P L D T X
O N Y B I E E O G M K
N P A A E L G D E E S
Y N G K D P Y D N T D
```

John 9:3-5

```
P R W Q A D G V M Z K N
T M Y Q R N L O M A I P
D E Y A L P S I D G N G
W P M L D A N W H V N K
Q O O B Y R D T E I T S
J N R Z P E G R M R I R
G Y W L J N S O X N E L
G J J T D T C K N Y I D
S U S E J S T E R G A B
Z D N Q W N D B H O D D
X Z Z T E T M J J T W T
T Z K S R X N Z W Q K Z
```

John 9:39-41

```
J U D G M E N T D R A E H
A N Q E M O C S P Q D T V
S I V Y B I R H U D M D K
K S R M Y L A E L S Y J J
E R B E V X R I L M N E W D
D Z Y M I D Y N C A Q J D
B L P S L T Y W D X I M L
D N E R L Q X P Q N N N N
M E O I K S N L N M L S
S W U Y E R J W J K T Y K
W G T E L Q P Y Z L J K T
```

John 10:1-4

```
S H E P H E R D P G Y
K N S M G E D H A W Y
R E T B B L A T L Z Z
S P E B M R E N T E R
H T O P I I W A L L Q
E R H S E O L I D V W
E N E I L R S C O S N
P E A L E T Y I L B P
S L O M E F C G V V R
T F W N E E B T L T L
```

John 10:7-10

```
Y B T Q N M T L Q T M M Y J
L A S A V E D B L G Q O Y Q
T N D T W L V P E R I R M L P
N D I M P D K X T K Y W T
A I T Y Z J T R E S T G I X Z
D T S P D R M D U G T E R Q R
N U J L U N Q W Q T V E T N R
U S L R P H G R E S M A Y O
B A Y R D O E R S M X A P L B
A J B Q E Z D E Y R L D P J W
J Z V M T L N H I Q V M K Q
J E P L D N N F S T J Q Q V
R D M W K M E N K L J T D X
```

John 10:14-16

```
Z Y J G N I R B F D N R K
S B R F T L P T K L O Y M
K H O X A R V P T G O O Z
Z L E Y D O Y M D B K C G
D Y Z E I D K R J T Q Y K
R D Z C P N E N W R D N L
O R E T O H N R N K B J D
T S O W P N E L I S T E N
P W L E V H E F I L Y P L
N T H A T W P Q R T Y P B
Q S N A G Z M Y Y B Q W N
J X F Z N R Q T R N N M B
```

John 10:17-18

```
A C C O R D B T B
X R P O W E R D D
C D E L R N K Q L
L O A C I D F A N
O Y M A E A E O T
V L G M T I S R D
E A I H A A V O J
S Z E F E N W E Y
N R J R E N D W D
```

John 10:27-30

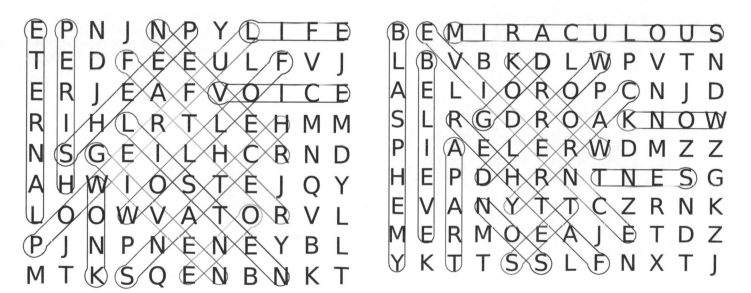

```
E P N J N P Y L I F E
T E D F E E U L F V J
E R J E A F V O I C E
R I H L R T L E H M M
N S G E I L H C R N D
A H W I O S T E J Q Y
L O O W V A T O R V L
P J N P N E N E Y B L
M T K S Q E N B N K T
```

John 10:36b-38

```
B E M I R A C U L O U S
L B V B K D L W P V T N
A E L I O R O P C N J D
S L R G D R O A K N O W
P I A E L E R W D M Z Z
H E P D H R N T N E S G
E V A N Y T T C Z R N K
M E R M O E A J E T D Z
Y K T T S S L F N X T J
```

John 11:3-4

```
J D O G B L D D D R T P N
R E R B D O R H E A R D
S B S E Q R T M J Y Q X
J I A U M D E E S I C K
R T S M S S V J S L R R
H B B T S I G P A E L M
D M J A E L D Z Q Y N Y
J N G C O R A N P M T T
D E E R V R S Q O X J P
G R Y I U R K Y N S T R
Q R T S R M V J J T J K
W B M B Q F G M Q R D T
```

John 11:9-10

```
E S T H G I N Q G K
V W A L K B P N R X
L D K F S R I T B L
E P A R E L P O E P
W S U N B L T D D D
T O U M G H Y L P N
H L U S G E R Q Y V
Q T E I E O R A J T
S E L L W J D L D B
```

John 11:25-27

```
N O I T C E R R U S E R
E E H C O M I N G D D Y
E V V A G L L R I G Y Y
G V E E I O J E Y S W G
L E I R I S D Z U N N V
O S F L Y L S S Y T B P
R O Z I R O E E D M L X
D N B O L J N B M V D B
T W W G R P R E M P M V
```

John 12:25-26

```
L S K V F O L L O W P B
A E Q J M Y Y R M E F P
N V W L P M M V E A Q W
R R O R O G Z K T L L R
E E R D R S D H I K O B
T S L E H M E N D B N
E D D A V R E E O W Q X
J R T B M O R H R J L Q
K E V Z W N L P E Y L
R M G M Z R Q P N Z H M
D B K T V Y B N W Q Y T
```

John 13:14-17

```
T L S B M D L E Y M T
E G G T R A L F E E T
R S O N P S S N B T
E L E M A S T L Z D
H A J A N E V E E D P
E T X Y N T S R E R R
R E B G H S E H E W J
W R E G E N S L O S L
Y R U D O A J N B G M
S O N D W M K K P V L
```

John 13:34-35

```
E L P O E P Z Y V R C
T B S T D V W N N O D
K Y N E D Q Z Z M B Y
L Z K W L M J M Q K Q
E O E A R P A L L J R
K N V L N N I J N Y Z
R N O E D O X C L D N
P D E M P R T W S L B
W M E V N J O H V I A
G N B D I N W M E L D
T J B Y K G Y N D R J
```

John 14:1-3

```
T R B E L I E V E
R O E P T P F E P
O O M M L A R K D
U M O A T A K S K
B S C H P Y T E A
L E E E O R N G J
E R R D A U A A M
D P D E O I S B M
P D H K N G B E L
```

John 14:6-7

```
H S E K N O W N
T G E X E F I L
J R U E C Z D F
C E U O N E A W
L O S T R T P Y
Q M M U H H A T
G D V E S W T D
L D R V S T W V
```

John 14:25-27

```
H A W K L J X N R T M X R M
E D F O T R D D D Q G E V R J
A D T R R Z B T D B B D A D N
R K Q K A L Y K X E X E C B
T J T E X I D B M Q L M Z H
S N T L T R D A B K Y N B
L R D R B A N T U L Q D R B
P E A C E X C O R J E E Z G
S P I R I T R O R E M A D K
Y E N R K T Y K V I H X V G
L Z V J Z D V X N D J T T E
O Z Q I V D R D B L A Q A K
H Q Q Q G G V Q P R G B L F
```

John 15:1-4

```
C V I N E G R O W E R Q
L H L S V J F S R A E B
E X C I E A T N Q Y M G
A S N N T N E F R U I T
N E S H A K U A Y M T Y
S E E E O R B R D X B M
E R U P L I B R P D B D
D L S R D N O T Y M N
M L R E T W U J N T B Y
```

John 15:10-13

```
X M Y D O B F N Q H Z J
L P L T M R I R C N P G
V P H Y I A E A M J K T
M E E E M H E C R C M X
R G N E T T O E O J O Y
N D R A K M T M V Y J D
S Z F D M A P D A O Z K
R M R A E L K L Q O L G
V M N R E I R M T W R D
D D G T X F R T J D N X
S Y E G N E Z G N Y N M
```

John 17:1b-3

```
L T M H N S T Z A Y R
A S G O O N E U B R W
N I S R Y U T N Y J J
R R L N E H R F T D K
E H V I O H I W O N K
T C E R F R T Y L J B
E Y I U O E L A G Z Z
R T P L R N R O F V B
Y M G R O T D L L N L
```

John 18:37

John 19:28, 30

John 20:26b-29

John 21:5-6

Acts 1:7-8

```
Y S E M I T R P T S L Q
R T X P O W E R E L D T
E L I J E R U S A L E M
C A B R I H S L A W V D
E P R O O E O I D T J Q
I J D T N H R L I K M L
V S U T H A T R Y S G M
E L I D M V I U E J B M
Q W Q A E P X T A M N M
J N S N S A R T J M D B
```

Acts 26:17b-18

```
D L G S A N C T I F I E D
X Y W B R W D T M N M D L
F O R G I V E N E S S J K
S S E N K R A D S R Y D J
T H G I L X Z E E L M N J
N E F Z M R N C J M V N G
A Y R A S D E E J W N R Q
T E T N I I Q W P G D N Q
A S I N V T R N O O V Y L
S S G E Y T H D K P M K R
```

1 Corinthians 11:23b-25

```
M P G T M Y C R T X N N T
R R D D M L E U R G R Y N
C K R G A P K T P T W D W
O N L E P E S T Y Q E M R
V I W U M U R P T Y Q R Z
E R S D S E D B A J W Y L
N D N E R J M R D O O L B
A V J Q Q O T B T J D M L
N B R O K E L B R P B G Y
T G L P B J V N A N T P Y
M Z N Y Z N T O D N N B R
W X Q Q P M D J M N D C L
W T T Z L Y V B N L B B E
```

Revelation 2:7

```
V N R A E H F R U I T P
I E F I L Y M L Y T R U
C T L P B M N N R Q N Q
T S C D A Q G Y D D R A
O I T H M R T E E Y N M
R L B T U S A R E Y R T
I O L T G R R S D O R T
O U P A L T C N I I T R
U D E R A X E H R S W J
S T N Z V Y I E J E Y L
T D D N Q Z P J W S Z W
W Z Z D Y S D Y B R T N
```

Revelation 3:12

```
O C O M E S M Z Q R J
T V X Q N D Z L K L Q
E M E L A S U R E J K
M N D R B D A Z Y N Y
P E E T C L T T W E N
L M T V L O I B G M R
E A D I A C M O M L X
V N P D R E D E N G D
L T N D X W H M S Q Q
```

Revelation 3:19-20

```
K J R K N V D B V E
Q N G E T N O T N K
E V O R P E R I Q Y
E A T C N E L X C V
N J R E K P N L P E
L E P N I I R T V B
O O T C E O N C T Q
V L S S O S O G Y Y
E I J D I M T J N Q
D Q Y B E L T W W J
```

Revelation 22:12-13

```
G C R E W A R D R
N O A T L E D R Z
I M N G S O V Y L
N I O T E R O I V
N N O P T M I K G
I G S T V S O F E
G T A H P L A A X
E R B B N W C L Q
B Z X P T H E N D
```

VOLUME 1

Over 150
LARGE-PRINT
PUZZLES TO
ENJOY!

Peace of Mind

BIBLE
WORD SEARCH

OLD & NEW TESTAMENTS

LINDA PETERS

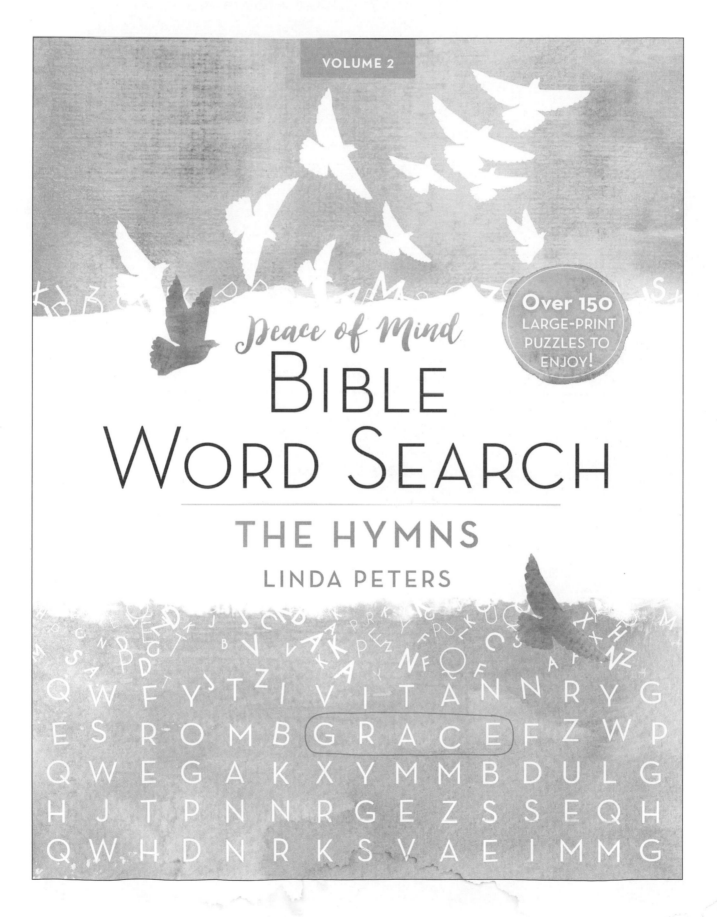

VOLUME 2

Peace of Mind

BIBLE
WORD SEARCH

THE HYMNS

LINDA PETERS

Over 150 LARGE-PRINT PUZZLES TO ENJOY!